[Court] Traité des (gros) câlins

[Court] Traité des (gros) câlins

Patrice SALSA

ISBN : 978-1-519-71097-0

Table des matières

La physiologie ∞ 91

Où l'on parle de communication chimique,
d'hormones, de récompenses, d'attachement,
d'addiction, de bonne humeur et autres sensations
tout aussi agréables.

Les sciences sociales et humaines ∞ 109

Où l'on parle d'interactions, de rituels, de bulle
intime et de distance sociale, d'actes de langage,
mais aussi de thermodynamique, de soirées câlins,
de Sénèque et de peinture.

Bibliographie ∞ 151

Annexe ∞ 153

De quelques tableaux dont il est question dans ce traité.

✍ INTRODUCTION ✍

Ce livre est né du constat que sur le *câlin*, la documentation disponible était rare, fragmentaire, et plutôt d'origine anglo-saxonne, un paradoxe pour une pratique assez répandue qui paraît faire l'unanimité aussi bien en France que partout ailleurs. Serait-ce que les câlins ne nécessitent aucun enseignement ni aucun apprentissage, tout un chacun venant au monde doté d'une capacité naturelle à en donner et à en recevoir – qui irait alors s'encombrer d'un *Manuel du câlin* ? – ou le sujet en est-il apparu trop futile pour constituer un réel domaine d'étude – une thèse de 1 200 pages sur le thème du *câlin*, vous n'y pensez pas *sérieusement*, j'espère ?

La forme un brin désuète du *traité*, ouvrage abordant un unique sujet d'une manière qui se veut complète et exhaustive, est apparue en adéquation avec celui du *câlin dans tous ses états*.

Bien que nulle règle, ni même nul usage, n'en prescrive la longueur – celui de Vitruve, *De architectura*, est divisé en dix livres – ce traité des câlins sera court, car sur ce thème, une seule chose est à peu près établie : *qui trop embrasse, mal étreint*.

ᔕ La question du sens ᔕ

Nommer, c'est faire exister.

Où l'on parle de parties du discours, de dictionnaires et de lexicologie.

L es investigations sur le câlin commencent par la question du sens de ce terme, tel qu'en rendent compte les dictionnaires, mais aussi ce qu'en disent les locuteurs.

ᔕ *Câlin,* nom ou adjectif ?

E n français, le mot *câlin* relève de deux parties du discours, c'est à la fois un substantif du type nom commun, et un adjectif. D'après divers dictionnaires des cinquante dernières années, en tant que nom commun, il peut désigner une personne, agent ou objet de l'action de *câliner. C'est un câlin, une câline. Il fait le câlin.* Dans ce sens, il possède une forme féminine. Il désigne aussi l'action effectuée dans le verbe *câliner* et pour cette acception, c'est un substantif masculin uniquement. L'adjectif s'emploie lui pour qualifier celui qui aime *câliner*, et/ou l'être, mais aussi pour une situation ou une action qui en manifeste les qualités. Du point de vue du lexique, *câlin*, nommant ou qualifiant aussi bien l'action que son sujet et son objet, voire son contexte, est un donc un terme légèrement plus complexe qu'il n'y paraît de prime abord.

Le changement de partie du discours est un mode classique d'extension du lexique, mais dans le cas de *câlin*, il faut considérer laquelle de ces formes est apparue la première. Plusieurs dictionnaires donnent *câlin* comme un déverbal de *câliner*. Le *câlin* serait alors au verbe *câliner* ce que la *marche* est à l'action de *marcher*. Si cette approche est commode pour expliquer le rapport entre les deux mots en synchronie, c'est-à-dire les relations qu'ils entretiennent aujourd'hui, elle ne vaut que pour l'emploi où *câlin* désigne ce qui s'accomplit lorsque qu'on *câline*, et il se peut même qu'elle soit erronée historiquement, c'est-à-dire que, dans l'emploi moderne, le nom *câlin* soit arrivé avant le verbe *câliner*.

Le sens des mots évolue insensiblement dans le temps. Il s'affaiblit, et plus rarement se renforce. La *gêne* d'aujourd'hui n'est qu'un inconfort mineur, mais désignait au XVIIe siècle une véritable torture. Les termes se spécialisent ou, au contraire, se généralisent. Leur signification se déplace, glissant par ressemblance ou par contiguïté d'une réalité à une autre. Le *bureau* était tout d'abord la solide étoffe de *bure* servant notamment pour recouvrir le plateau d'une table de travail, il va ensuite désigner cette table elle-même – bien que l'usage de la recouvrir de ce tissu disparaisse –, puis la pièce dans laquelle se trouve ce meuble ; de là, il est utilisé actuellement pour nommer un lieu, un bâtiment, un établissement, l'ensemble des services d'une administration ou d'un ministère où s'effectue un travail de *bureau*, mais aussi la communauté des gens qui s'y emploient : « tout le *bureau* était là ». Ces sens continuent souvent à coexister, ainsi dans l'usage contemporain du terme *bureau*, seul le tout premier a complètement disparu aujourd'hui.

Les mots changent également de registre de langue, passant du grossier au familier puis au courant (peu sont en revanche promus du vulgaire au littéraire), ou bien leur valeur, positive ou négative devient neutre, et même parfois s'inverse complètement. La *malice* n'est plus par exemple, de nos jours, le pouvoir de l'esprit du mal.

L'évolution du mot *câlin* obéit à ces principes, y compris à celui qui veut qu'ils se combinent pour un résultat provenant du cumul de leurs effets.

Pour l'entrée *câlin*, les dictionnaires des dernières décennies proposent le plus souvent l'ordre *adjectif* puis *nom*, avec la signification « *ce qui manifeste de la tendresse* », puis « *celui, celle qui aime être câliné* » suivi de « *celui, celle qui câline* ». L'emploi avec le sens « *d'étreinte affectueuse* » qui intuitivement semble le plus courant aujourd'hui n'arrive qu'en dernier. Enfin certains ouvrages précisent que le terme peut désigner, par euphémisme, une relation sexuelle, ou tout du moins un contact de cette nature. Ce point sera évoqué plus loin.

Il faut remarquer, sans s'y attarder, que beaucoup de dictionnaires n'évitent pas l'impasse de la circularité, qui consiste à définir un terme par un autre contenant le même radical, ou *lexème*, comme diraient plutôt les lexicologues. Est *câlin* celui qui aime à prodiguer ou à recevoir des *câlins* (ou des *câlineries*) tandis que *câliner* consiste à donner un *câlin*. Cette approche est peu susceptible d'aider un locuteur étranger qui consulterait un tel dictionnaire à comprendre le sens du terme ignoré ou celui de son *lemme* ou sa *lexie* (*unité sémantique*, selon les spécialistes). Cette circularité se manifeste habituellement quand il existe une certaine difficulté à rendre compte d'une unité sémantique de base sous forme d'une périphrase ou d'un synonyme.

L'usage moderne de *câlin* résiste donc à une explication « en langue », indice qu'il s'agirait d'un terme renvoyant à une réalité qu'il faut avoir éprouvée personnellement pour en partager la signification avec d'autres personnes ayant vécu la même expérience. Il peut être noté à ce stade, pour s'en souvenir plus loin, que les termes qui reviennent dans les tentatives de définition ont à voir, dans le registre des relations interpersonnelles, avec la *tendresse* et l'*affection*, et dans celui des sensations, avec la *douceur*. En restant dans le domaine du sensible, ces définitions rangent le *câlin* parmi les *gestes*, ce terme lui-même étant proposé parmi les explications, précisé par ceux de *caresse* et étreinte, qui peuvent relever, eux aussi, du vocabulaire érotique. À l'entrée *câliner*, se trouvent assez régulièrement associés les verbes *cajoler* et *caresser*, présentés par-

fois comme des synonymes acceptables, plus rarement se rencontrent aussi *choyer* et *dorloter*.

﹂ Voyage dans le temps

Pour comprendre comment le sens moderne de
câlin s'est constitué, tenter d'éclaircir lequel
– de l'adjectif ou du nom – a été utilisé en premier,
et même déterminer si la thèse du déverbal est fondée, il faut aller consulter d'une part quelques dictionnaires historiques, qui tentent de reconstruire
l'évolution des mots et de leurs emplois à partir de
leur apparition dans des textes, et d'autre part des
dictionnaires anciens, qui fournissent un « instan-
tané » d'un terme à l'époque qui est contemporaine
de leur rédaction, de la même façon que le font les
dictionnaires courants pour la période actuelle.

Pour les dictionnaires historiques, la référence
majeure est Le *Trésor de la langue française informatisé*, élaboré à partir d'un vaste ensemble de
textes littéraires, romanesques ou journalistiques,
voire scientifiques, de différentes périodes, saisis à
la main ou numérisés pour constituer une gigan-

tesque base de données. Cette somme évite ainsi un problème qui rend fastidieuse la consultation d'une série de dictionnaires d'une même époque ou à travers les âges, qui est que ces ouvrages souvent se copient les uns les autres. Le *TLFi* a lui été construit en repérant les occurrences de tous les mots, ou lemmes, constituant son corpus pour en donner ensuite des définitions à partir des emplois précis qu'en faisaient les auteurs des textes. Cette méthode a ses limites, dans la mesure où les auteurs ont tendance à utiliser parfois un mot dans un sens qui leur est propre, lui conférant dans l'emploi qu'ils en font une valeur qui leur est singulière et qui participent à l'élaboration de leur style littéraire, mais il ne semble pas que cela soit le cas pour *câlin* et sa famille.

Voici donc l'entrée intégrale du mot dans le *TLFi*.

- **CÂLIN, INE**, adj.
  - I. – *Emploi adj.* [Gén. appliqué à une pers.]
    - **A.** – *Vieilli*
      - **1.** Niais, naïf. *Elle gobe ça !... que les femmes sont câlines !* (E. LABICHE, *La Station Champbaudet*, 1862, III, 1, p. 304).
      - **2.** Indolent, délicat :
      - 1. Et pour marquer à Thérence que je n'étais pas si **câlin** qu'elle le pensait peut-être, je m'exerçais à cou-

cher sur la dure, à vivre sobrement… G. SAND, *Les Maîtres sonneurs,* 1853, p. 336.

– *Rare.* [Appliqué à un inanimé abstr.] *Comment renoncer aux usances câlines, au confort, au bien-être indolent de la vie ?* (CHATEAUBRIAND, *Mémoires d'Outre-Tombe, t.* 1, 1848, p. 352).

B. – *Usuel.* Qui a la douceur d'un enfant, qui aime cajoler ou être cajolé ; tendre, caressant.

1. [En parlant d'une pers., gén. d'un enfant, d'un être aimé, ou d'un attribut, d'une qualité de la pers.] *Câlin comme un petit chat ; voix câline, langueur câline.*

Ses yeux câlins et tendres (MALÈGUE, *Augustin, t.* 1, 1933, p. 183) :

2. Mais son image brusquement l'envahit, et il l'aperçut en sa pensée quand elle s'éveillait au matin, dans leur lit tiède, se pressait **câline** contre lui, jetant ses bras à son cou, avec ses cheveux répandus, un peu mêlés sur le front, avec ses yeux fermés encore et ses lèvres ouvertes pour le premier baiser ; et le souvenir subit de cette caresse matinale l'emplit d'un regret frénétique et d'un désir forcené. MAUPASSANT, *Contes et nouvelles, t.* 1, La Femme de Paul, 1881, p. 1229.

SYNT. *Œil, geste, regard, sourire câlin ; mots câlins ; amour câlin ; un petit bavardage câlin.*

Le *Trésor de la langue française informatisé* (abrégé en *TLFi*), est la version électronique, du *Trésor de la langue française (TLF)*, dictionnaire de la langue française des XIXe et XXe siècles, imprimé en seize volumes parus entre 1971 et 1994. Les deux ont été créés par l'ATILF (Analyse et traitement informatique de la langue française - 2CCI), une unité mixte de recherche associée au CNRS et à l'université Nancy II, anciennement CRTLF (Centre de recherche pour un Trésor de la langue française - 1960), puis INALF (Institut national de la langue française - 1977). Le *TLFi* est consultable en ligne à l'adresse : http://atilf.atilf.fr

– *Emploi subst.* Celui, celle qui aime à cajoler ou à se laisser cajoler. *Voyez-vous ce câlin avec ses longues jambes, qui se fait bercer comme un poupon* (A. Daudet, *Jack, t.* 1, 1876, p. 27).

♦ [Parfois avec une nuance péj.] Celui, celle qui se conduit en séducteur :

3. Son frère, resté silencieux, s'était approché et l'embrassait. Elle le menaça du doigt. – Oh ! toi, tu es un **câlin**. Je te connais… Demain, quand tu nous auras quittés, tu ne t'inquiéteras guère de savoir ce qui se passe ici… Zola, *L'Argent,* 1891, p. 143.

2. *P. anal., littér.* [En parlant de sensations, de moments] Qui flatte la sensibilité. *Un soir d'été serein, aux étoiles câlines* (Dierx, *Les Lèvres closes,* 1867, p. 193) ; *solo câlin de violoncelle* (G.-V. Willy, *Entre deux airs,* par l'ouvreuse du Cirque d'été, 1895, p. 202) ; *valse minaudière et câline* (Green, *Journal,* 1937, p. 112).

II. – *Emplois figés*

– *Faire câlin.* Se blottir contre une personne aimée pour se faire cajoler ou consoler. *Viens faire câlin avec Mémé, la consoler* (Montherlant, *Fils de personne,* 1943, p. 298).

– *Fam. Câlin !* Interjection généralement répétée que l'on adresse à un jeune enfant pour le bercer ou l'endormir :

4. – Câlinez-moi, dit Marie.
Mme Agathe feignit de tenir un bébé dans ses bras et

de le bercer, en murmurant, selon un vieux rite des Camblanes, sur un ton de mélopée : « **Câ-lin, câ-lin**… » Mauriac, *Galigaï,* 1952, p. 32.

Prononc. et Orth. : [kɑlɛ̃], fém. [-in]. Ds *Ac.* 1740-1932. Ds *Ac.* 1740 sans accent circonflexe, *cf.* aussi Fér. 1768 : "1ʳᵉ et 2ᵉ brèves" (à comparer avec Fér. *Crit.* t. 1 1787 : "1ʳᵉ longue") et Land. 1834. Au sujet de cet accent circonflexe *cf.* Buben 1935, § 30 : "L'origine de *câlin, câliner* n'est pas établie avec sûreté, mais il est à peu près certain que l'accent circonflexe n'est pas étymologique." Pour la prononc. de l'initiale avec [ɑ] post. dans *câlin* et ses dér., *cf.* Fouché *Prononc.* 1959, p. 84.

Étymol. et Hist.

1. Av. 1593 « gueux, mendiant » (G. Bouchet, *Les Serées,* éd. Roybet, 1875, t. 4, p. 269 : Mais pour esmouvoir le peuple à plus grande pitié, disoit-il, devinez que ces gueux et **calins** font ? Ils contrefont les malades de sainct Jean, ayans la bouche pleine d'escume ; p. 272 : parlant des **calins**, et de ceux qui mendient sans besoing) – Cotgr., 1611 ;

2. 1740 (*Ac.* : **Calin**. Niais et indolent) ;

3. 1833 « cajoleur » (Balzac, *Le Médecin de campagne,* p. 110 : accent **câlin**).

Malgré un léger hiatus chronol., déverbal de *câliner**.

Fréq. abs. littér. : 309. **Fréq. rel. littér. :** xixᵉs. : a) 144, b) 674 ; xxᵉs. : a) 784, b) 357. **Bbg.** Guiraud (P.). *Pier, argot. Cah. Lexicol.* 1968, t. 12, n°1, p. 90. – Sain. Sources t. 1 1972 [1925], pp. 110-111.

Le point notable est que le substantif n'est donné que comme un *emploi*, toute l'entrée étant centrée sur l'adjectif, ce qui va à rebours de l'intuition contemporaine du terme et de son usage moderne, même si cette prééminence de l'adjectif se retrouvait encore dans les dictionnaires de seconde moitié du xxe qui plaçaient systématiquement cette forme en premier dans leur définition. Cette position première, qui persiste dans les éditions récentes, ne serait alors que le reflet, la survivance, le maintien d'un état du mot où il n'était un substantif que dans un emploi nominal de l'adjectif, et non par nature. Deuxième point, dans cet usage substantivé, le sens moderne « *d'étreinte affectueuse* » est absent ! Ne se trouvent que « *celui qui aime à cajoler ou à se laisser cajoler* » et sa nuance péjorative « *celui qui se conduit en séducteur* ». C'est uniquement dans un emploi noté comme figé que ce sens apparaît, « *faire câlin* », qui peut se comprendre comme « *faire [un] câlin* ».

L'aspect le plus étonnant, même s'il est discret, est de centrer l'entrée sur l'adjectif tout en soutenant, dans la partie Étymologie & histoire, l'hypothèse de *câlin* comme un déverbal de *câliner*, alors que dans les théories linguistiques classiques, les déverbaux sont des substantifs en général féminins (et il faut en effet tenir pour acquis que les fondations théoriques du *TLF* dans le domaine linguistique sont tout à fait classiques). L'honnête concession « *malgré un léger hiatus chronologique* » est tout aussi intrigante. Entre la question du déverbal linguistiquement contestable et l'approximation temporelle, quelque chose n'est définitivement pas clair dans l'articulation entre *câlin* nom ou adjectif d'une part, et dans la relation de ces deux-là avec le verbe *câliner*, d'autre part.

C'est à ce stade qu'il faut se résoudre à se pencher sur les dictionnaires anciens, comme y invite d'ailleurs le paragraphe Étymologie & histoire du *TLFi* dans son alinéa 1, qui atteste un emploi de *calin* substantif, privé de son circonflexe, au tournant des xvie et xviie siècles avec dans un sens bien différent d'aujourd'hui, celui de gueux et de mendiants, mais avec une idée de tromperie : « *ils contrefont les malades de sainct Jean, ayans la bouche pleine d'escume* », c'est-à-dire qu'ils simulent l'épilepsie pour apitoyer ceux à qui ils demandent l'aumône.

Ce type d'investigation se heurte néanmoins à une difficulté, relative, car l'invention du dictionnaire, cet outil dont la familiarité fait l'évidence, est assez récente dans l'histoire de la langue, même ramenée à sa pratique écrite.

Pour le français, les premiers dictionnaires apparaissent au xvᵉ siècle, mais leurs méthodes de classement et leurs techniques de rédaction dérouteraient sans doute le lecteur moderne, car ils sont encore très influencés par les *lexiques*, les *gloses* et les *glossaires*, parfois multilingues, qui les ont précédés au Moyen-Âge, et par les vastes compilations à vocation encyclopédique et universelle faisant autorité à la même époque.

Le mot lui-même remonte à la rédaction en 1220 du *Dictionarius* par Jean de Garlande. Recueil de mots latins classés par sujets à l'intention des écoliers, c'est le plus ancien emploi connu du terme, ancêtre direct de notre « dictionnaire ». Cette appellation ne s'est pourtant pas imposée d'entrée, la Renaissance lui préférant le vocable de *thrésor*, tel le très important *Thresor de la langue françoyse tant ancienne que moderne* qui sera publié en 1606 après la mort de son auteur, Jean Nicot. Ses descriptions lexicales et la méthodologie mise en œuvre ouvrent la voie aux premiers dictionnaires généraux réellement monolingues du français, et c'est donc le xviiᵉ siècle qui installe les grands dictionnaires unilingues tels qu'ils sont pratiqués encore aujourd'hui. C'est l'un des projets lexicographiques de l'Académie française lors de sa création en 1635 par Richelieu que d'élaborer un tel ouvrage, mais il ne verra le jour qu'en 1694 c'est-à-dire après les deux autres dictionnaires majeurs du Grand Siècle, ceux de Pierre Richelet en 1680 et d'Antoine Furetière en 1690.

ᕦ L'avis de l'Académie

*C*âlin et *câliner* étant absents du *Thresor* de Nicot et d'autres ressources lexicales antérieures, ainsi que du Richelet et du Furetière, les recherches commencent avec le *Dictionnaire de L'Académie française* où ces termes font leur entrée, entre *califourchon* et *calleville* (une variété de pomme), seulement dans la 3e édition de 1740, après celles de 1694 et 1718 :

> CALIN. s. m. Niais & indolent. *C'est un calin. Il fait le calin.*
> CALINER, SE CALINER. v. n. pass. Se tenir dans l'inaction, dans l'indolence. *Il passe son temps à se caliner dans un fauteuil.*

C'est bref. C'est concis. C'est surtout très éloigné des sens actuels. Il s'agit même de significations qui ont complètement disparu des acceptions contemporaines. Selon les intentions affirmées dans la préface à cette 3e édition, « ... *c'est le Dictionnaire d'une*

Langue vivante. Comme il doit donner l'explication des sens différens des mots qui sont en usage », il n'y a aucune raison de penser que des sens aient été volontairement omis, même s'ils relevaient du registre *familier*, car ce dernier est explicitement inclus dans les usages à retenir, comme l'indique la même préface. Seuls les termes qui « *blessent la pudeur* » sont intentionnellement écartés :

> « *A l'égard des expressions de la Langue commune qui paroissent affectées à un certain genre de style, on a eu soin de dire auquel elles sont propres ; si c'est au style poëtique, au style soûtenu, ou bien au style familier. Comme les honnêtes gens évitent de se servir des termes que dicte l'emportement ou qui blessent la pudeur, on les a exclus du Dictionnaire.* »

Le Dictionnaire de Trévoux, dont l'édition « lorraine » (Nancy, 1738-1742) est contemporaine, donne peu ou prou la même définition.

CALIN, INE
s. m. & f. Mot bas & populaire, qui signifie Paysan, fainéant, gueux. Un gros *calin*, une grosse *caline*, c'est-à-dire, un gros gueux, une grosse gueuse ; de ces fainéants qui courent le pays en demandant l'aumône ? Que fais-tu là *calin* ? Veux-tu travailler ? Il signifie là fainéant, vaurien.

Les deux entrées se maintiennent à l'identique dans la 4ᵉ édition de 1762, mais celle-ci voit l'apparition – mystérieuse – de l'accent circonflexe :

> CÂLIN. s. m. Niais & indolent. *C'est un câlin. Il fait le câlin.*
> CÂLINER, SE CÂLINER. v. récipr. Se tenir dans l'inaction, dans l'indolence. *Il passe son temps à se câliner dans un fauteuil.*

L'édition de 1798, la 5ᵉ, réaffirme l'emploi uniquement nominal, mais voit l'ajout d'une précision sur le registre de langue – « *Il est familier.* » – dans les deux entrées :

> CÂLIN. s. masc. Niais et indolent. *C'est un câlin. Il fait le câlin.* Il est familier.
> CÂLINER, SE CÂLINER. v. pr. Se tenir dans l'inaction, dans l'indolence. *Il passe son temps à se câliner dans un fauteuil.* Il est familier.

C'est dans la 6ᵉ édition, de 1835, qu'apparaissent des significations qui commencent à évoquer les emplois actuels, accompagnées de quelques modifications ou précisions :

> CÂLIN, INE. s. Niais et indolent. Dans ce sens, on

ne l'emploie guère qu'au masculin. *C'est un câlin.*
Faire le câlin. Il est familier.

Il signifie aussi, Cajoleur. *C'est un petit câlin, une*
petite câline.

Il est quelquefois adjectif. *Cet homme a l'air*
câlin. Cet enfant est câlin. On dit aussi, *Avoir une*
démarche câline, prendre un ton câlin, etc.

Le nouveau sens introduit est fourni sans définition,
par un simple synonyme, cajoleur, dont il faut bien
se résoudre à aller consulter celle donnée dans la
même édition :

CAJOLEUR, EUSE. n. Celui, celle qui cajole.

Qui conduit donc à :

CAJOLER. v. a. Flatter, louer, entretenir quelqu'un
de choses qui lui plaisent et qui le touchent. [...] Il
signifie aussi, Tâcher de séduire une femme ou un
fille par de belles paroles. [...] Il est familier dans
les deux sens.

Même si le terme *cajoler* semble commencer à faire
correspondre *câlin* à la signification qui est cou-
rante aujourd'hui, il faut noter que sa définition de
l'époque n'implique aucun geste ou contact physique, et se borne à une relation verbale. Les deux
termes renvoient donc une interaction entre deux

personnes, mais elle reste pour l'instant désincarnée. L'évolution des deux mots, qui va conduire du sens immatériel au sens physique, sera désormais parallèle.

Le synonyme *cajoler* arrive aussi avec sa charge sexuelle : même si ce n'est qu'en parole, il s'agit de *séduire*, or un des sens de ce verbe en 1835 est d'amener une femme à se donner physiquement, bel exemple de ces euphémismes de bienséance dont le français est coutumier.

> « *Il pouvait la séduire, en faire sa maîtresse, puis l'abandonner ; il l'épousa.* » Alexandre Dumas père, *Catherine Howard*, 1834.

Parallèlement au sens de *cajoleur* font leur apparition plusieurs données très importantes pour la suite et qui lui sont directement reliées. Tout d'abord la mise en place du féminin. Si au sens de niais et indolent, « *on ne l'emploie guère qu'au masculin* » – ce que confirment les éditions antérieures –, c'est bien que le féminin arrive avec le sens de *cajoleur*.

Ensuite, et surtout, c'est le changement de partie du discours qui est remarquable : « *Il est quelquefois adjectif* ».

Parmi les exemples donnés pour cet emploi, il n'est pas précisé s'ils illustrent l'idée de *niais et indolent* ou celle de *cajoleur*, mais c'est néanmoins vers ce nouveau sens qu'ils entraînent comme le montre le procédé des substitutions, consistant à remplacer *câlin* par ses définitions :

Cet homme a l'air *niais et indolent*.

vs

Cet homme a l'air *cajoleur*.

Cet enfant est *niais et indolent*.

vs

Cet enfant est *cajoleur*.

Avoir une démarche *niaise et indolente*.

vs

Avoir une démarche *cajoleuse*.

Prendre un ton *niais et indolent*.

vs

Prendre un ton *cajoleur*.

C'est particulièrement vrai pour le dernier exemple (avec la notion d'oralité contenue dans la définition de *cajoler*), et peut-être discutable pour les autres. Il faut aussi noter avec *démarche*, la sortie du strict comportement verbal et l'irruption du langage corporel, celui des gestes et des postures.

Pour le verbe, la 6ᵉ édition affirme cette fois l'usage strictement pronominal, et remplace *se tenir* par *demeurer*.

> CÂLINER (SE). v. pron. Demeurer dans l'inaction, dans l'indolence. *Il passe son temps à se câliner dans un fauteuil.* Il est familier.

Ces petites modifications n'ont l'air de rien, mais elles indiquent bien que toutes les entrées sont revues à chaque édition.

Cette 6ᵉ édition est décidément riche d'innovations, car elle ajoute une occurrence au lexème *câlin-* :

> CÂLINERIE. s. f. Cajolerie. *Méfiez-vous de ses câlineries.* Il est familier.

On y retrouve une définition par l'emploi d'un synonyme dont le radical a déjà été rencontré et qui va continuer à se manifester dans l'édition suivante.

> CAJOLERIE. s. f. Louange où il y a quelque affectation, ou qui sent la flatterie. […] Il se dit aussi du langage flatteur dont on se sert pour tâcher de séduire une femme ou une fille.

Si la 7ᵉ édition (1878) ne présente aucune variation pour *câlin/ine* et *câlinerie*, l'entrée pour le verbe *câliner* subit, elle, une profonde transformation.

> CÂLINER. v. a. Traiter quelqu'un avec une douceur excessive, le cajoler. *Il câline trop cet enfant, il le gâtera.*
>
> Il s'emploie aussi avec le pronom personnel, et signifie, S'abandonner à de l'indolence, se garder de toute fatigue, de toute peine. *Il passe son temps à se câliner dans un fauteuil.* Il est familier.
>
> CÂLINÉ, ÉE. part. passé.

Une nouvelle signification, active, fait son apparition, reléguant l'emploi (et le sens) pronominal à un second rang. Ce nouveau sens est directement en prise sur l'évolution de *câlin* au sens de *cajoleur* quarante-trois ans auparavant. Il s'agit du fameux « *hiatus chronologique* » indiqué par le *TLFi* dans sa thèse sur *câlin* comme déverbal de *câliner*. Si le sens moderne de *câlin* (à partir de la synonymie avec *cajoleur*) est apparu (6ᵉ éd.) avant le sens moderne de *câliner* (synonymie avec *cajoler*, 7ᵉ éd.) il ne peut pas en être le déverbal (substantif obtenu en retirant la désinence verbale d'un verbe à l'infinitif). Dans la même édition, aucune entrée liée au lexème *cajol-* ne subit d'évolution par rapport à l'édition

précédente, hormis le signalement de Cajolé, ée.
part. passé.

Cinquante ans plus tard, avec la 8ᵉ édition de 1932-
35 le changement de paradigme est total pour les
trois entrées :

> CÂLIN, INE. n. Celui, celle qui aime être câliné.
> *C'est un petit câlin, une petite câline.* Par exten-
> sion, il signifie Celui, celle qui câline. *Il faisait le
> câlin pour obtenir ce qu'il voulait.*
> Il est aussi adjectif. *Cet homme a l'air câlin. Cet
> enfant est câlin. Avoir des manières câlines,
> prendre un ton câlin, etc.*

> CÂLINER. v. tr. Traiter avec une douceur excessive,
> caresser quelqu'un. *Il câline trop cet enfant, il le
> gâtera. Une petite fille aime à se faire câliner.*

> CÂLINERIE. n. f. Caresse câline, langage câlin.
> *Méfiez-vous de ses câlineries.*

Pour *câlin*, le sens initial de niais et indolent s'efface complètement, et le sens apparu dans la 6ᵉ édition puis maintenu tel quel dans la 7ᵉ est désormais
défini non plus par le renvoi au lexème *cajol-*, mais
par rapport à la signification du verbe apparu dans

la 7ᵉ édition, avec le réemploi du participe *câliné*, qui avait lui aussi surgi dans cette édition. C'est sans doute sur la base de cette 8ᵉ édition que la thèse du déverbal s'est fondée, mais il a été vu qu'elle ne résiste pas à la comparaison des éditions, et il est inutile d'y revenir. Néanmoins, le *câlin* désigne toujours encore uniquement une personne, celui qui câline ou qui aime à l'être, c'est-à-dire le sujet du verbe, mais toujours pas l'action ou le résultat de l'action du verbe.

Les exemples pour l'emploi comme adjectif – signalé par la suppression de *quelquefois* au profit de *aussi* – dont le sens n'était pas forcément décidable dans la 6ᵉ édition basculent cette fois, et pour cause, du côté du sens moderne.

Cela dit, ces emplois adjectivaux semblent renvoyer à un sens qui n'est pas complètement épuisé par la définition du substantif à partir de *câliner*, et un nouveau test de substitution produit des effets un peu étranges.

> Cet homme a l'air *câlin* / *d'aimer être câliné* / *de câliner.*
> Cet enfant *est câlin* / *aime être câliné* / *câline.*
> Avoir des manières *câlines* / *d'une personne : qui aime être câlinée* / *qui câline.*

Prendre un ton *câlin / d'une personne qui aime être câlinée / qui câline.*

Au passage, *démarche* a été remplacé par *manières*, mais il s'agit toujours du langage du corps, même si le terme est plus abstrait, confirmé dans la définition de *câliner* avec le mot *caresse* (qui a un sens physique : « *Témoignage d'affection que l'on marque à quelqu'un par ses actions ou par ses paroles.* » 4ᵉ éd., 1762), que l'on trouve aussi dans la définition de *câlinerie*. Ce remplacement illustre une nouvelle fois que les entrées, y compris les exemples, sont bien réexaminées à chaque édition. C'est comme si dans ces emplois adjectivaux donnés comme exemples se glissait un supplément de significations, d'usages, qui restent dans un flou définitionnel, peinant à s'exprimer explicitement, peut-être parce que justement trop lié au corps. Les exemples permettent alors de présenter une utilisation des vocables dont on n'arrive pas complètement à rendre compte, mais qu'on ne veut pas négliger ou oblitérer.

Initiée en 1986, l'édition contemporaine du *Dictionnaire de L'Académie française* a débuté en 1992 avec le 1ᵉʳ tome (*de A à Enzyme*), suivi du 2ᵉ en 2000 (*de*

Éocène à Mappemonde) et du 3ᵉ en 2011 (*de Maque-reau à Quotité*).

La définition ci-dessous date donc à peu près de 1989, soit il y a vingt-six ans à la date de rédaction des présentes lignes. C'est beaucoup si l'on considère les intervalles qui ont séparé les six premières éditions (respectivement 24, 22, 22, 36 et 37 ans) et c'est environ à mi-parcours si l'on regarde les intervalles suivants, de la 6ᵉ à la 9ᵉ (43, 54 et 57 ans).

Il faut tenir compte de ces vingt-six ans en découvrant les définitions des termes qui intéressent ce traité dans la 9ᵉ édition du *Dictionnaire de L'Académie française*.

CÂLIN, adj.
XVIᵉ siècle, au sens de « gueux, mendiant, paresseux » ; XIXᵉ siècle, au sens actuel. Déverbal de câliner. Qui aime câliner ou être câliné. *Un enfant câlin. Une grand-mère câline avec ses petits-enfants.* Par méton. *Des manières câlines,* tendres, caressantes. *Un regard, un ton câlin. Prendre une voix câline.* • Subst. *Faire le câlin, la câline.* Expr. fam. *Faire un câlin, un gros câlin,* se blottir contre quelqu'un pour échanger des caresses, des paroles de tendresse.

CÂLINERIE, n. f.

XIXᵉ siècle. Dérivé de câliner. Parole tendre, geste caressant. *Prodiguer des câlineries à un enfant.*

Sans tenir compte de la nouveauté qui consiste à faire figurer quelques explications sur les emplois anciens, une nouvelle évolution, aussi radicale que dans la 8ᵉ édition, frappe le regard : *câlin* change de partie du discours et devient adjectif ! Certes, cet usage secondaire était signalé depuis la 6ᵉ édition (« *il est quelquefois adjectif* »), sa généralisation indiquée dans la 8ᵉ (par la suppression de *quelquefois* au profit de *aussi*), mais le renversement est cette fois total. C'est au tour du substantif de n'être qu'un emploi du mot, et dans cet emploi, il n'y a pas de changement pour la signification, le *câlin* désigne encore une personne, « *faire le câlin* », mais le sens qui est familier aujourd'hui fait enfin son apparition, anecdotique, sous la mention « *expression familière : Faire un câlin* ». Le geste en lui-même est en fait dévolu à l'entrée *câlinerie*, dans laquelle il affleurait déjà lors de la 8ᵉ édition, et l'expression *faire un câlin*, de son côté, installe discrètement le câlin d'une part comme une séquence d'actions [se blottir / des caresses / des paroles] et d'autre part comme une interaction entre deux personnes [pour échanger].

CÂLINER, v. tr.

XVIIe siècle, comme pronominal, au sens de « être indolent » ; XIXe siècle, comme transitif, au sens actuel. Probablement emprunté du normand *caliner*, « se reposer à l'ombre », dérivé de caline, « chaleur lourde, étouffante », du latin populaire **calina*, dérivé de *calere*, « être chaud ». Traiter avec douceur et tendresse ; caresser quelqu'un, l'entourer de soins, de paroles tendres, de manifestations d'affection. *Cette petite fille aime à se faire câliner.*

De l'entrée *câliner* dans cette 9e édition, il faut retenir, dans la tentative étymologique, l'idée de *chaleur*, qui semble être associée au concept contemporain de *câlin*. Le reste de la définition est en accord avec l'usage courant.

Si les définitions de *câlin*, *câliner* & *câlinerie* parlent de « personne » en général, les exemples (tous forgés par les rédacteurs, comme le veut la règle de l'Académie) privilégient les enfants. Deux sur sept pour *câlin*, mais unique exemple pour *câliner* & *câlinerie*, quatre sur neuf au total, soit la totalité de ceux mettant en scène une personne désignée autrement que par un pronom.

Un enfant câlin. Une grand-mère câline avec ses

petits-enfants. Des manières câlines, Un regard, un ton câlin. Prendre une voix câline. Faire le câlin, la câline. Faire un câlin, un gros câlin. <u>Cette petite fille aime à se faire câliner</u>. <u>Prodiguer des câlineries à un enfant</u>.

L'homme *câlin* a disparu, au profit d'une grand-mère plus rassurante (tant que le loup n'a pas pris sa place… et à ce sujet, il faut noter l'absence remarquable du sens sexuel).

En bref, il semble évident que le *Dictionnaire de L'Académie française* en 1989 ne va guère apporter d'information sur le sens du mot *câlin* aujourd'hui pour les locuteurs contemporains, si ce n'est à la marge. Voici un test est très facile à mettre en œuvre, et après l'avoir fait des dizaines de fois, la réponse obtenue est toujours la même.

« *Qu'est-ce que ça veut dire pour toi [le mot] "câlin" ?* » (ou « *pour vous* » selon de degré de familiarité avec l'interlocuteur). Il est important de ne pas orienter la réponse en disant « le nom *"câlin"* ».

La réponse commence invariablement par :
 « Eh bien, <u>un</u> câlin, c'est… »

Le <u>un</u> est ici volontairement souligné. Bien entendu, personne ou presque ne va dire d'entrée « *"câlin"* *est un nom* » ou « *"câlin" est un substantif* », car les gens en général ne répondent pas comme un dictionnaire à ce genre de demande, mais en utilisant l'article « *un* », ils indiquent qu'ils situent spontanément (et en premier) *câlin* parmi les noms, et non parmi les adjectifs.

La suite présente de nombreuses variantes, mais elles décrivent toute une *séquence de gestes*. Là encore, personne ne donne en premier le mot *câlin* comme décrivant une personne.

Bien entendu, si la conversation se poursuit, les gens arrivent, pour certains, à donner l'emploi de *câlin* comme adjectif, ou comme s'appliquant à une personne ou à une situation, et quelques-uns iront même jusqu'à évoquer le sens sexuel.

Cela signifie que la compétence linguistique des locuteurs français du début du XXIe siècle concernant le mot *câlin* ne correspond pas complètement à la définition canonique qu'en donnent les dictionnaires académiques.

✍ Les dictionnaires contemporains

Il reste à vérifier si la définition du mot *câlin* dans les dictionnaires courants disponibles en 2015 est, ou non, en phase avec l'usage qu'en ont les locuteurs qui leur sont contemporains, et il faut donc, avant d'en terminer avec le long – trop, sans doute – chapitre des dictionnaires, faire encore quelques petits efforts d'investigation et d'analyse.

De ce qui précède, on peut conclure que le sens moderne du mot *câlin* s'est joué entre 1798 (5ᵉ éd. du *Dictionnaire de l'Académie*) et 1935 (8ᵉ éd.), avec deux étapes repérables, l'une en 1835 (6ᵉ éd.) qui introduit *cajoleur* comme synonyme de *câlin* et l'autre en 1878 (7ᵉ éd.) via l'évolution du verbe *câliner*.

Durant cette période de cent quarante ans, les sources sont homogènes. Le *Dictionnaire critique de la langue française*, de Jean-François Féraud, en 1787-88, se contente de reprendre L'Académie. Le *Nouveau Dictionnaire universel de la langue française* publié à Lyon par J. F. Rolland ne fait pas mieux, se limitant au succinct « *niais & indolent* », mais sa date de publication, 1818, est intéressante, le situant entre celles de la 5ᵉ et de la 6ᵉ édition de l'Œuvre des Immortels. L'intervalle – cent dix-sept ans – se resserre un peu.

Le *Dictionnaire de la langue française* d'Émile Littré publié entre 1872 et 1877 va lui aussi dans le même sens que l'Académie :

> CÂLIN, INE (ka-lin, li-n') s. m. et f.
> 1. Celui, celle qui n'a ni activité, ni intelligence. *C'est un câlin.*
> 2. Cajoleur, cajoleuse. *Voyez le câlin, la câline !*
> Adj. *Avoir l'air câlin. Un enfant câlin.* BÉRANGER, Mathurin Bruneau : *Trompés par des flatteurs câlins.*

Le *Grand dictionnaire universel du XIXe siècle* de Pierre Larousse, publié entre 1866 et 1877, malgré beaucoup d'exemples et de citations, reste sur les emplois classiques, mais il choisit, avec cent vingt ans d'avance sur l'Académie, de faire de *câlin* un adjectif. Sur ce point, c'est le *Nouveau dictionnaire de la langue française* de Louis Dochez en 1859 qui est plus précis :

> CÂLIN, INE. s. Niais, indolent. – Cajoleur, caressant. – S'emploie adjectivement.

Pour la période tout à fait contemporaine, une fois écarté le travail de l'Académie, peu convaincant, comme il a été vu, on ne peut se tourner que vers la référence dans le domaine de la lexicographie, en l'occurrence la 3ᵉ édition (1998) du *Dictionnaire historique de la langue française*, ouvrage étymologique dirigé par l'incontestable Alain Rey, suffisamment proche pour donner des précisions fiables et exploitables :

> **CÂLIN, INE. adj.**, en dépit de son attestation (av. 1593), semble dérivé du verbe. Il n'est pas exclu que *câlin*, au sens de « gueux, mendiant » et « niais, naïf » (1740), soit, comme le pense Guiraud, dérivé d'un autre mot, lui-même dérivé de cale « coquille » (> écale). • Le sens moderne de « cajoleur » apparaît au XIXᵉ s. en même temps que l'accent circonflexe (1833), éliminant la valeur de « paresseux, trop délicat » que l'on rencontre encore chez certains écrivains du XIXᵉ s. (Chateaubriand, Sand). • L'adjectif est substantivé, désignant à la fois la personne qui aime à faire des caresses ou en recevoir, et plus souvent, l'échange de caresses, surtout dans la locution **faire (un) câlin**, employée par euphémisme (v. 1970-1980) pour un rapport sexuel. Les autres dérivés de *câliner* correspondent au sens moderne.

Sans revenir sur l'obstination à prétendre que *câlin* est tiré de *câliner*, et celle tout aussi étrange d'affirmer qu'il s'agit d'un adjectif substantivé (alors que Littré en 1872 et l'Académie en 1932 donne encore l'adjectif uniquement comme un emploi), c'est la mention « *et plus souvent* » pour le sens « échanges de caresses » qui est surtout intéressante, car elle confirme en 1998 les résultats du test empirique sur la compréhension actuelle du nom *câlin* comme désignant d'abord un ensemble de gestes, déjà introduit en 1986 par l'Académie de manière périphérique au titre d'expression familière.

Les auteurs situent cette évolution dans la décennie entre 1970 et 1980, au moment où le sens archaïque s'efface complètement des dictionnaires, mais elle n'est pas vraiment présente dans les sources. Le *Grand Larousse de la langue française*, publié entre 1971 et 1978, s'il mentionne l'entrée comme *adj. et n.*, ne donne pas pour *câlin* le sens en rapport avec le geste, ni rien qui s'en approche – il faut dire que ses exemples, « *On les croit tendres. Ils sont cajoleurs et câlins* », datent un peu : André Gide, 1869-1951 – mais indique pour *câliner* que le sens actuel est « *caresser avec douceur et tendresse* » avec la précision « sens actuel, 1808, d'Hautel ». L'effort d'interprétation des rédacteurs du *Larousse* doit être salué, car dans le *Dictionnaire du bas-langage, ou des manières de parler usitées parmi le peuple* de Charles-Louis d'Hautel, paru en 1808, il ne se trouve à *câliner* qu'un laconique :

> Faire le câlin, flatter, carresser (sic) quelqu'un.

Le *Petit Larousse* de 1975 se contente également de :

> CÂLIN, E adj. et n. Doux et caressant.

Et le *Quillet* en 1985 indique toujours :

> **câlin, ine**, adj. et n. Caressant, cajoleur
> **câliner**, c. tr. Caresser, cajoler. – se câliner, v. pr. Se dorloter.

Quelques incursions dans d'autres dictionnaires à diverses dates confirment la période des années 1980 comme celle de la bascule de sens, et *Le Petit Robert* de 1990 présente une synthèse :

> CÂLIN, INE. [kɑlɛ̃, in]. *n.* et *adj.* (1598, « paresseux » de « câliner »). • **1°** (*Fin* XVIIIe). *N*. Personne qui aime à être caressée. *Un petit câlin.* – Par ext. Personne qui caresse, câline. V. **Cajoleur. • 2°** Adj. *Un enfant câlin. Regard, air câlin.* V. **Caressant, doux**. *« D'un ton câlin et compatissant, comme une jeune mère qui berce les petits chagrins de son nourrisson »* (Gautier). **3°** *N. m.* Échange de tendresse, de

caresses. Un gros câlin. – Loc. *Faire un câlin à qqn,*
le câliner.

Mine de rien, beaucoup d'informations dans cette
présentation ramassée. D'abord la séparation
en trois sous-entrées – **1°** *n.* et *adj.*, **2°** Adj. et **3°**
N. m. – qui installe définitivement le sens du *geste*
au même niveau que les autres. Ensuite l'aban-
don total du sens ancien (« *paresseux* »), qui n'est
donné que dans un perspective historique, et enfin
le sens moderne indiqué comme datant de la fin du
XVIIIe siècle (seulement en 1835 pour l'Académie),
ce qui est un peu contradictoire avec l'information
du *Dictionnaire historique de la langue française*
en 1998 : « *Le sens moderne de "cajoleur" apparaît
au XIXe s. en même temps que l'accent circonflexe
(1833)* », les deux ouvrages étant pourtant sous la
direction d'Alain Rey. La même entrée dans l'édition 1992 du *Grand Robert de la langue française*
n'apporte pas de précisions supplémentaires.

Dans un travail précis comme celui du *Robert*, tous
les mots ont leur poids. Ainsi il faut noter la mention importante du **3°** de la définition : « *échange* ».
Non seulement le sens moderne de câlin est complètement installé, mais il est défini comme une *interaction* : au-delà du canal utilisé, voix ou geste, le

câlin est la manifestation d'une relation entre deux personnes.

L'édition 2000, en accord avec l'édition de 1998 du *Dictionnaire historique*, ajoute :

> Loc. fam. *Faire (un) câlin à qqn* • Euphém. Rapports sexuels.

Mais elle remanie une nouvelle fois l'organisation de l'entrée, en deux parties seulement :

> I *Adj.* Qui aime câliner ou être câliné. *Un enfant câlin.* – Qui est doux et caressant. *Une voix câline. Un regard câlin* => 2. tendre, affectueux
>
> II *N. m.* Échange de tendresses, de caresses. *Un gros câlin.*

Comme le fait le *Larousse* de 2002 :

> 1. CÂLIN, E adj. et n. Qui manifeste de la tendresse, affectueux, tendre. Enfant, geste câlin.
>
> 2. CÂLIN n. m. Geste tendre, caresse affectueuse. Enfant qui fait un câlin à sa mère.

ou sa version en ligne actuellement qui va au plus simple et au plus contemporain :

> **câlin** nom masculin
>
> Caresse tendre, affectueuse : *Faire des câlins à sa mère.*
>
> **câlin, câline** adjectif (de câliner)
>
> • Qui aime à caresser et à être caressé.

• Se dit d'un comportement doux et caressant ;
tendre et affectueux.

Le dédoublement de l'entrée, enrichie d'un exemple,
consacre complètement l'emploi qui est perçu – et
utilisé – comme principal aujourd'hui, celui du
geste, et le concept de *câlin* a enfin pris son autonomie.

Pour le substantif, seule demeure désormais la
signification liée au geste, à l'échange, et le sens qui
concerne la personne est entièrement dévolu à l'adjectif, mais impliquant une notion de réciprocité,
« *qui aime câliner ou être câliné* », qui contient elle
aussi ce principe d'échange. Cette notion de relation, de réciprocité, se retrouve dans la définition
proposée par une ressource en ligne, dénommée
sobrement *Le dictionnaire*, aussi bien pour l'adjectif que pour le nom :   http://www.le-
                                         dictionnaire.com/

câlin

Adjectif masculin singulier

- caressant, aimant les caresses

Nom masculin singulier

- échange de gestes affectueux, tendres
- personne aimant être traitée tendrement

Enfin, *Le Robert de poche* de 2012 n'y va plus par quatre chemins :

> *Câlin, ine* : I *adj.* Qui aime câliner, être câliné. II *n. m.* Échange de caresses, de baisers. Fam. Acte sexuel.

http://sexes.blogs.liberation.fr/, par exemple, pour ne citer que des titres d'article, « Urbanisme émotionnel : la ville idéale favorise les câlins », 20 juin 2011 (mise à jour : 21 janvier 2015) ; « L'influence du ciel sur nos câlins », 29 juin 2015.

Ce sens donné comme « familier » l'est-il encore lorsque, par exemple, Agnès Giard – auteure, journaliste et docteur en anthropologie – l'utilise régulièrement dans son blogue consacré à la sexualité dans tous ses états, *Les 400 culs*, en alternance d'ailleurs avec le sens non sexuel ? Voire même, parfois et paradoxalement, en l'opposant à ce sens sexuel :

« Pour en finir avec l'asexualité », 28 avril 2008 (mise à jour : 21 janvier 2015).

> *« Certains se contentent de bisous. D'autres aiment les câlins. Mais aucun ne prend son pied dans la sexualité. »*

Éditions du Seuil, collection « Fiction & Cie ».

Ce statut « d'euphémisme familier » ne ravit pas tout le monde, ainsi Jean-Luc Benoziglio dans son roman *La Voix des mauvais jours et des chagrins rentrés* paru en 2004, s'insurge :

> *« Dire baiser à la place de faire l'amour, d'accord, c'est peut-être grossier. Mais employer à la place*

l'expression : Faire un câlin, *alors ça, je trouve ça de la plus obscène des vulgarités.* »

C'est donc à l'orée du xxie siècle que les dictionnaires courants enregistrent et restituent un état du terme *câlin* conforme à l'intuition et à la pratique qu'en ont les locuteurs d'aujourd'hui, et c'est peut-être par cette relative jeunesse du concept que s'explique l'absence de bibliographie à son sujet.

✎ LES AUTRES
ASPECTS LINGUISTIQUES ✎

Le sens n'épuise pas la signification.

Où l'on parle d'étymologie, de dérivation propre et d'hypocoristique.

✎ Un peu d'étymologie

L'étymologie cherche à établir l'origine formelle et sémantique d'une unité lexicale, le plus souvent un mot, en s'appuyant sur les lois de la phonétique et sur l'évolution sémantique des termes envisagés.

Concernant *câlin* et *câliner*, les quelques extraits des dictionnaires déjà cités montrent qu'il ne s'agit pas d'une discipline capable de fournir une explication unique et incontestable dans tous les cas.

❖

Il y aurait de quoi écrire des pages sur le sujet, et divertissantes – entre *canin* et *catelin* [chat] et autres extrapolations fantaisistes – mais les plus sérieuses hypothèses peuvent être résumées en disant que les explications étymologiques convergent pour faire dériver le sens moderne de *câlin* du verbe latin « *calere* » [faire chaud], via le nom « *calina* » qui aurait donné en normand « *caline* » à partir de l'ancien français « *chaline* » [chaleur étouffante]. L'accent circonflexe serait alors la trace d'un *a* long dans la prononciation du mot en ancien français.

C'est en tout cas la théorie que retient Daniel Kunth dans un ouvrage où il expose l'origine des mots utilisés pour désigner au firmament tout ce qui brille Éditions CNRS, 2012   ou bouge, *Les Mots du ciel*.

> « *Que peut-on faire les jours de grande chaleur ? Des câlins ? Câlin vient du normand et se disait au Moyen Âge des animaux qui se reposaient à l'ombre des fortes chaleurs. Chacun aura remarqué que les coins d'ombre sont également propices aux ébats. Le mot a fortement évolué, jusqu'à devenir dans les années 1970 [par insupportable euphémisme], l'acte de l'amour* ».

De son côté, Pierre Guiraud, linguiste auteur d'une œuvre importante et originale, notamment dans le domaine de l'étymologie, du lexique érotique, de l'argot et du français populaire, avance dans son *Dictionnaire des étymologies obscures* (1982) que le sens ancien, « *gueux, mendiant* », puis « *niais, indolent* », sans accent circonflexe, est issu de la parenté avec « *cale* » au sens de « *coquille* ». Sans être indiscutable, c'est une théorie recevable, à l'appui de laquelle il aurait pu citer *Le Jargon ou Langage de l'Argot reformé*, d'Ollivier Chereau (1628) :

> « *Coquillards sont les Pelerins de S. Jaques, la plus grand part sont veritables & en viennent : mais il y en a aussi qui truchent [= qui mendient] sur le Coquillard, & qui n'y furent jamais.* »

La Coquille était le nom d'une association de malfaiteurs du XVᵉ siècle dont les membres, les Coquillards, avaient pris ce nom soit à partir de l'expression « vendre ses coquilles » (tromper) soit parce qu'ils se faisaient parfois passer pour des pèlerins de Saint-Jacques de Compostelle.

De ce sens initial de « *gueux, mendiant* », signalé dans le *TLFi* (*cf. supra*), il est difficile distinguer comment on passe à celui de « *d'indolent* », peut-être à travers l'idée de l'inaction de celui qui ne travaille pas pour vivre, qui est donc « *paresseux* » comme le « *fainéant* » indiqué dans le *Trévoux* (1738-42). Cette notion d'indolence – comment travailler par de grosses chaleurs étouffantes ? – a peut-être à son tour facilité la fusion avec l'autre terme issu de *chaline*, comme le notait la tentative étymologique dans l'entré *câliner* de la 9ᵉ édition du *Dictionnaire de l'Académie*, permettant alors insensiblement le passage au sens moderne d'échange de caresses, le contact rapproché engendrant l'échange de chaleur, corporelle et humaine, réconfortante, incitant à la détente… Mais on est déjà, là, dans le domaine des conjectures !

∽ Une famille étendue

Les termes apparentés à *câlin* et à *câliner* sont relativement nombreux et anciens, comme si le concept suscitait facilement ce que les linguistes appellent la *dérivation lexicale* (ou *dérivation propre*), qui consiste à former de nouveaux mots à partir de *lexèmes* (*radicaux*) auxquels on ajoute des *affixes*.

Il y a d'abord la **câlinerie**, dont il a été vu qu'elle
la première forme à prendre le sens moderne de
« caresse »,

> CÂLINERIE s. f. Action de câliner ; cajoleries,
> manières câlines. *Grand dictionnaire universel du*
> *XIXe siècle*, Pierre Larousse, 1867

mais qui désigne aussi un ensemble de comportements et d'attitudes allant du tendre au sensuel, ren-
contrant une fortune littéraire étonnante parmi les
plus grands auteurs, avec toutes les nuances qu'une
expression stylistique travaillée peut produire.

« *Sa chaste caresse ne fut pas exempte de cette*
câlinerie gracieuse dont le secret appartient à
quelques femmes privilégiées. », Honoré de Balzac, *Sarrasine*, 1845.

« [...] *ta câlinerie te fait paraître encore plus sot*
que tu n'es. », George Sand, *François le Champi*,
1850.

« [...] *jouant l'incrédulité avec une câlinerie*
perverse. », Jules Barbey d'Aurevilly, *Une vieille*
maîtresse, 1851.

« *Le bercement des nourrices, les câlineries*
maternelles, les chatteries des sœurs, [...] »,
Charles Baudelaire, *Paradis artificiels*, 1860.

« – Oh ! ma fille, tu ne sais pas ce que c'est qu'un mari !… Tâche de conserver son affection par tes soins, tes prévenances, des câlineries même !… J'entends par câlineries les bons procédés qu'on se doit entre époux ! », Eugène Labiche, *Un Mari qui lance sa femme*, 1864.

« *Et elle frémissait, avec des mouvements d'une câlinerie sensuelle.* », Gustave Flaubert, *L'Éducation sentimentale*, 1869.

« *Je ne dois pas dissimuler que sa manière d'être avec lui, ses emportements amoureux, sa câlinerie si féline, tout, jusqu'à la terrible expérience des hommes et des choses qu'elle avait acquise et qui perçait sous la plus banale de ses remarques, contribuait singulièrement à la faire trouver adorable.* », Ernest Feydeau, *Les Aventures du Baron de Féreste. Comment se forment les jeunes gens*, 1869.

« *Sa voix, qui a une câlinerie ravissante.* », Prosper Mérimée, *Lettres à Francisque Michel*, 1870.

« *Elle mettait en œuvre toutes ses câlineries et ses ruses.* » Alphonse Daudet, *Fromont jeune et Risler aîné*, 1874.

« *Sa mère l'appelant Paulet par câlinerie.* », Guy de Maupassant, *Une Vie*, 1883,

« *Cette câlinerie gentiment hypocrite.* » Alphonse Daudet, *Immortel*, 1888.

« [...] *puis, apprivoisée tout de suite, vient s'appuyer contre moi, avec une câlinerie de bébé qui sonne adorablement faux. [...] Avec une câlinerie de petit chat, elle coula vers moi ses yeux bridés, me demandant pourquoi je ne venais pas dormir,* [...] », Pierre Loti, *Madame Chrysanthème*, 1888.

« [...] *mystère, et éternel assoiffement de câlinerie, des amoureux demeurés très enfants.* », Georges Courteline, *Messieurs les ronds-de-cuir*, 1893.

« [...] *sa câlinerie animale et traîtresse,* [...] », Colette, *Claudine à l'*école, 1900.

Le mot a aussi inspiré plusieurs compositeurs.

Câlinerie, mazurka [pour piano], Albert Corbin, 1883.
Câlinerie, suite de valses pour piano, Louis Blasini, 1892.
Câlinerie, valse [pour piano], Jean Coviaux, 1914.
Souvenirs d'enfance. 5, *Câlinerie*, morceau de genre, pour piano à 4 mains, Georges Bernard, 1927.

Cette grande famille comporte également :

Le **câlinage** – action de câliner, d'attirer la sym-
pathie de quelqu'un par des manières douces et
tendres.

> « *Elle s'imagina qu'avec un peu de câlinage et
> de cajolerie elle ferait revenir son mari de cette
> résolution.* », Frédéric Soulié, *Les Mémoires du
> Diable*, t. 2, 1837.

Le **câlinement** – action de câliner ; douceur, tendresse.

> « *Il le jalousait ce mari trompé qui était ins-
> tallé près d'elle pour toujours, dans les habi-
> tudes de sa maison et dans le câlinement de son
> contact.* », Guy de Maupassant, *Fort comme la
> mort*, 1889.

Le **câlineur** ou la **câlineuse** – personne se complai-
sant aux manières câlines et aux caresses.

> « *Elle avait eu de nombreux soupirants et
> une demi-douzaine de câlineurs qui l'avaient
> embrassée, caressée, tripotée.* », Léon Daudet,
> *Les Bacchantes*, 1931.

Depuis quelques années, le terme désigne aussi
ceux qui font profession de prodiguer des câlins en
tout bien tout honneur, mais moyennant finances.
Dans la version féminine, le mot connaissait déjà
de longue date un emploi plus suggestif – voire

égrillard – dont on peut gager qu'il aura du mal à se débarrasser. En 1899, *La câlineuse* est d'ailleurs le titre du roman autobiographique du sulfureux Hugues Rebell, plus connu pour ses *Nuits chaudes du Cap Français* (1902). Le mot est aussi adjectif, « *des mots gentils et câlineurs* » (Henry de Montherlant, *Les jeunes filles*, 1936) tandis que « femme câlineuse » est une rubrique sur plusieurs site de rencontres coquines ou libertines (et plus si affinités).

Sur ce sujet des petites annonces, *Le Chasseur français*, entremetteur rural historique, a consacré en février 2014 un numéro hors série au thème *La Grande Histoire des petites annonces*. Selon le magazine, il faut attendre les années 1940 pour voir paraître dans ses pages les premières indications évoquant la vie intime, certaines femmes annonçant alors qu'elles sont « ardentes », « très caressantes » et… « câlines ».

Avec l'emploi en adjectif verbal du participe présent **câlinant**, la liste est probablement complète.

> « *Par paroles câlinantes et douces, petit à petit j'essayerais de la rattacher à la vie.* », Ferdinand Fabre, *Le Chevrier*, 1867.

Mention spéciale enfin pour **câlinou**, avec sa suf-

Du grec
ὑποκοριστικός,
hypokoristikós :
caressant.

fixation hypocoristique, c'est-à-dire servant exprimer une intention affectueuse, qui vient inscrire à l'intérieur même de l'énoncé sa valeur affective. La section française du Wiktionnaire, dictionnaire en ligne construit sur un mode collectif et collaboratif sur le principe de Wikipédia, lui donne comme définition :

http://fr.wiktionary.
org/

Câlin tendre sans orientation sexuelle. Les baisers sont tendres et les caresses peu appuyées.

Il s'agit donc d'évacuer la dimension érotique, décidément bien encombrante, surtout quand la situation implique des enfants, ce qui explique que le terme soit utilisé pour plusieurs marques ou produits en rapport avec la petite enfance, depuis *Câlinou - Poupons bébé interactif* (de 46 cm) à une gamme de meubles pour chambre d'enfants en bas-âge (armoire, lit à barreaux, commode, siège, table à langer) en passant par des couches pour bébés qui promettent, de façon originale, « *une absorption rapide pour une peau bien au sec* » ou la production artisanale de « colliers personnalisés en matériaux naturels (bois et coton) », permettant « *d'oc-*

http://www.facebook.
com/colliers.calinou.
koala/

cuper son bébé pendant qu'il est porté, pendant la tétée ou le biberon ».

Outre l'utilisation comme enseigne pour une boutique de prêt-à-porter 0-14 ans située à Allauch (sélectionnée arbitrairement parmi plusieurs dizaines sur tout le territoire national), c'est aussi le nom choisi pour son blogue par une femme qui relate, matière palpitante s'il en en est, les différentes étapes de sa grossesse, en 2010. Le motif en tapisserie de dauphin scintillant utilisé en arrière-fond du site rend assez compte de la hauteur de vue sur le sujet.

L'embêtant, avec le refoulé, c'est l'insistance avec laquelle il fait retour dans la relation complexe signifiant/signifié, aussi ne faut-il pas avoir l'esprit si mal tourné que *Ça* pour entendre, dans cet argumentaire de livre pour enfant, une promesse alléchante :

Éditions de l'élan vert, 2012.

Câlinou Câlinette, du matin au coucher, sur la main ou le nez.
Câlinou Câlinette, les bisous, c'est la fête.

ou déceler une tendance fétichiste dans ce slogan publicitaire :

Câlinou, gants et chaussons.

Câlinou. Chaussons malins pour pieds câlins.

Dans ces conditions, que dire de la chanson *enfantine* de l'auteur-compositeur-interprète Pierre Chêne

créée en 2006 qui contient les paroles suivantes ?
Câlinou câlinette / Si tu le veux bien […]
Où est ma culotte / Elle s'est envolée

Sacha Distel, en 1961, avait au moins, à défaut de relever le niveau, le mérite, sur un rythme jazzy caressant, d'annoncer plus clairement la couleur :
Veux-tu m'embrasser ? /Câlin câlinette
Veux-tu m'embrasser ? / Câlin câlinou
Le soleil de mai / Me tourne la tête
Le soleil de mai / Me rend câlinou […]
Il fait un amour / De notre amourette
Et nos jeux d'enfants / Changent tout à coup
Je t'aime beaucoup / Câlin câlinette
Je t'aime un peu trop / Câlin câlinou […]
Dans mille ans peut-être / Nous serons toujours /
De gentils époux
Nous ferons encore / Câlin câlinette
Nous ferons toujours / Câlin câlinou

Pour illustrer l'étendue du sens du lexème *câlin-*, qui va du chaste à l'érotique, il faut signaler, à l'opposé du texte de Rebell, l'édifiant roman de Zénaïde Fleuriot paru en 1883, *Caline*. L'auteure, une prolifique Bretonne bourboniste et bigote, publia plus de quatre-vingts romans destinés aux jeunes filles dont certains furent réédités jusqu'en 1950. C'est le cas de ce texte, qui sous le nouveau titre de *Caline, jeune fille*, narre encore comment, à la mort de son grand-père, une orpheline bretonne de quinze ans nommée Pascaline est confiée à son tuteur parisien, ce prénom expliquant pourquoi l'accent circonflexe a disparu de son surnom. Le texte a d'ailleurs récemment été de nouveau publié par les Éditions Saint-Rémi qui, avec la foi que peut susciter une entreprise désespérée, œuvrent « *pour la sauvegarde de la littérature catholique* ».

Difficile pourtant de nier l'ambivalence du mot, présent par exemple dans l'amusant fox-trot oriental d'Ernest Dumont et Ferdinand-Louis Bénech en 1922, *Nuits de Chine*, où la construction anaphorique fait se succéder les nuits de Chine, câlines, d'amour, d'ivresse et de tendresses. Un peu plus tôt, il y avait déjà eu, en 1899, *Baiser câlin*, une pavane pour piano d'Alexandre Baudoin.

Dans le seconde moitié du XIXᵉ siècle et au début du XXᵉ, ***Câlinette*** est un prénom ou un surnom populaire ; dans la littérature on le trouve porté par des jeunes femmes ingénues, des grisettes effrontées, des domestiques parfois un peu nunuches, voire des

juments de course et une petite chienne affectueuse.
Il inspire lui aussi les musiciens.

Câlinette, valse lente pour piano, Paul Balleron,
1901.

Un bal chez les petits. 7, *Câlinette* : valse [pour
piano], Jean Bernard, 1903.

*Trois pièces enfantines sur do, ré, mi, fa, sol très
faciles et en clé de sol pour les 2 mains.* 1, *Câlinette* : valse-berceuse [pour piano], Frédéric
Binet, 1906

Câlinette, pastel musical pour piano seul, pour
piano à 4 mains ou pour orchestre avec piano
conducteur, Charles Coda, 1908.

Six morceaux pour piano à six mains. 2, *Câlinette* : valse, Henri d'Aubel, transcription [pour
piano] à 6 mains par Albert Landry, 1913.

Encore une fois, le mot est écartelé entre l'innocence
et la trivialité, car, dans *Les erreurs de la guillotine*,
un récit sans date, voici l'usage qu'en fait Édouard
Cadol (1831-1898), journaliste, auteur dramatique
et romancier ayant écrit en collaboration avec Jules
Verne les versions théâtrales de certaines de ses
œuvres romanesques :

« *Rien ne lui manquait, rien, car, dans la journée,*

si le cœur lui en disait, pas une de "ces dames"
qui lui refusât, à l'œil, une petite câlinette. »

Le personnage dont il est question occupe les fonctions de « marlou *au* truccin *de la rue de la Lune* », c'est-à-dire qu'entre vigile et homme à tout faire, il assure la tranquillité d'une maison close. Dans un tel contexte, même sans aucune précision sur la nature exacte de cette *câlinette*, il semble évident qu'il s'agit d'une gâterie que « *ces dames* » ne prodiguent que contre espèces sonnantes et trébuchantes.

Dans le numéro 433 daté du 22 mai 1910 de *La Vie en culotte rouge*, une revue de textes et de dessins qui oscillent entre l'humoristique et le grivois, mettant en scène exclusivement des militaires en uniforme face à des femmes jeunes, jolies et légèrement dénudées, se trouve, sous le titre *Les jeux de Câlinette*, ce portrait :

> « *Câlinette, amusante frimousse auréolée de cheveux d'un blond doré cascadant en frisons fous sur l'appétence d'une nuque savoureuse, appelant la morsure des baisers, Câlinette, avec les yeux rieurs de ses dix-sept printemps, son nez fripon retroussé d'une chiquenaude, sa bouche menue aux lèvres gourmandes et la grâce juvénile de son corps souple et potelé que foraient*

d'aguichantes fossettes, ne pouvait décemment mieux faire que d'aimer et d'être aimée. Sachez qu'elle s'en acquittait à merveille. »

Sans doute que Betty Mimaud n'avait pas pensé à cela en publiant en 2011 *Romalin et Câlinette*, livre pour enfant narrant la rencontre d'un baudet de l'Île de Ré et d'une ânesse du Poitou.

Éditions Croit Vif.

L'analyse du lexème *câlin-* dans les parlers, patois et langues régionales fournirait à elle seule un ouvrage entier. À titre d'exemple et de conclusion de ce chapitre, la *câlinette* est un bonnet de femme qui se noue sous le menton dans le Berry, et voici ce qu'écrit Guillaume Apollinaire dans *Le Poète assassiné* en 1916, à propos du provençal *calignaire*, parfois orthographié *calinaire* :

Pour être exhaustif, *calin*, sans accent, désignait du XVIIe au XIXe siècle un alliage de plomb et d'étain servant en Extrême-Orient à la fabrication de boîtes à thé. Au XIXe un *calinage* était une petite caisse légère en bois, fermant à charnières et crochets, faite sur le principe de ces boîtes à thé, mais surtout par extension le fait d'emballer des objets peu lourds ou fragiles dans de telles caisses. *Boîte de calinage* ; *calinage en gros.*

« [il] pensa que ces beaux gars avaient des calignaires. C'est ainsi qu'en ce pays on nomme les amants. Les garçons disent "ma calignaire", les filles "mon calignaire" et, de fait ils sont câlins et elles sont câlines dans cette belle contrée. »

✂ LA TECHNIQUE ✂

L'art, et la manière.

Où l'on parle de contacts, d'échanges, de chats, de chiens et d'ours, de rugby, de positions, de la théorie du Big Bang, de comparaisons linguistico-culturelles, de stations, de phases, de gestes, et de câlins... coquins.

L e sens du mot *câlin* qui intéresse cet ouvrage étant celui défini par les dictionnaires – et l'usage – contemporains comme un échange de caresses, une étreinte partagée, il ne sera plus question des autres emplois, sauf incidemment. Les références au verbe *câliner* se limiteront-elles aussi à l'action de *partager un câlin*.

Maintenant que le terme a été cerné en langue, il convient d'aborder l'aspect concret de sa réalisation en tant qu'acte.

◆

✍ Les participants et la durée

Un câlin est tout d'abord, de façon canonique, un contact physique prolongé entre deux personnes, bien qu'il puisse en impliquer plusieurs. Il est difficile dans ce dernier cas de donner un chiffre précis, mais il semble qu'au-delà de quatre participants, l'exécution en devienne problématique. Dans un contexte familial, le câlin collectif peut néanmoins être courant en raison de la taille respective des partenaires, un ou deux adultes et un ou plusieurs enfants, la différence de corpulence facilitant la réalisation technique du câlin.

Il est ici fait référence à la famille nucléaire, le couple et les enfants. Le câlin familial est bien entendu praticable au sein d'une famille étendue, qu'elle soit élargie à plusieurs niveaux et/ou degrés de parenté (ascendants, descendants, alliés, cousin) et/ou recomposée.

Le câlin collectif non familial semble plus rare, du moins à observer. Les démonstrations expansives d'allégresse des membres d'une équipe sportive victorieuse – ou à l'issue de la réalisation d'une action pouvant conduire à la victoire –, bien qu'elles impliquent embrassades, étreintes, enlacements et autres accolades, sont en général exécutées dans un état de fébrilité et de surexcitation qui cadre mal avec l'ambiance apaisée du câlin.

Fermée, ouverte, ou même relevée, la mêlée, cette phase de jeu si caractéristique de ce sport de voyou joué par des *gentlemen*, le rugby, présente plusieurs caractéristiques communes avec le câlin : contact physique étroit, utilisation des bras pour s'atteler à l'autre, une certaine durée, présence de différentes phases (*cf. infra*). Mais comparaison n'est pas raison, et n'importe quel ballon ovale vous dira qu'une mêlée n'a rien, mais absolument rien, d'un câlin collectif.

Sauf mention contraire, il ne sera donc question désormais ici que de câlins à deux participants.

Un câlin peut également impliquer une personne et un objet, telle une peluche, ou un animal, le plus souvent de compagnie : chat, chien, lapin ou furet. Il est possible de s'y essayer avec d'autres espèces – canidés sauvages, grands félins ou ursidés –, mais cela comporte quelques risques, en général proportionnels avec la taille du sujet. Les animaux susceptibles de déclencher une pulsion câline sont pour la plupart pourvus d'une fourrure. De là sans doute une partie de l'inquiétante étrangeté de *Gros-Câlin*, un roman de Romain Gary publié en 1974 sous le pseudonyme d'Émile Ajar, qui met en scène la relation d'un statisticien passablement tourmenté avec un python adulte capable de l'enlacer dans une puissante étreinte.

Fait cependant défaut à ces câlins interespèces une dimension qui paraît essentielle pour que l'acte soit complet, la réciprocité. Il est possible bien entendu de prodiguer un câlin à une personne qui n'y répond pas, mais il manque alors à la situation une qualité intrinsèque, celle de l'échange.

Le contact physique du câlin mobilise principalement le haut du corps. Les participants sont serrés l'un contre l'autre dans un continuum concernant les bras, les épaules, le torse, le dos, le cou, la tête, les joues, qui peut aussi comprendre le bas du corps. Les bras jouent un rôle essentiel, pour assurer la prise initiale puis maintenir la position rapprochée. Le câlin commence par un mouvement, l'enlacement, durant lequel les bras s'ouvrent pour accueillir l'autre et permettre le rapprochement physique, puis se referment autour de l'autre pour maintenir cette proximité durant une phase de relative immobilité. Ce mouvement réciproque de la part des participants peut-être simultané ou presque, mais peut aussi s'exécuter avec un léger décalage. L'un des participants écarte les bras pour saisir l'autre, l'invitant à venir s'y blottir, puis le partenaire répond à cette invite en effectuant le même mouvement qui va conduire au contact physique rapproché.

Cet effet miroir n'est néanmoins pas indispensable à la réussite du câlin. En fonction de certaines circonstances – positions respectives initiales, disproportion des tailles – la réponse du partenaire peut se limiter à accepter d'être enlacé, la confirmation de sa participation pouvant s'accompagner d'un léger mouvement global du corps consistant à se blottir plus étroitement contre l'initiateur de la situation. C'est ce qui explique la possibilité de ces câlins inte-respèces mentionnés plus haut.

Une étreinte avec un participant plus *câlinant* et l'autre plus *câliné* est parfaitement recevable dans la catégorie. L'épisode 14 de la saison 6 de la série américaine *The Big Bang Theory*, à partir de la 9e minute, met en scène ce genre de câlin après un bref dialogue. Amy et Sheldon sont assis sur un canapé, à environ un mètre de distance l'un de l'autre, Sheldon vient d'éclater en sanglots, Amy prend la parole :

— *Sheldon, I wish there was something I could do to make you feel better.*

— Sheldon, je voudrais qu'il y ait quelque chose que je puisse faire pour que tu ailles mieux. Est-ce que je peux te proposer un/e câlin/étreinte consolant/e ? [Le choix de traduction oriente obligatoirement le sens du geste. *cf. infra.*]
— Qu'avons-nous à perdre ?
— Alors ?

[Sheldon fait des mouvements de tête où il semble opiner.]

— May I offer you a consoling hug?

— What do we have to lose?

[Amy se rapproche de lui et l'entoure de ses bras ; Sheldon conserve sa position et ne fait aucun geste.]

— How's that?

L'anecdote amusante est qu'à la question d'Amy, *How's that?*, Sheldon répond *I feel like I'm being strangled by a boa constrictor* ; mais il serait hasardeux d'y voir une allusion au roman de Romain Gary dont il vient d'être question.

Le ressort comique de la scène repose sur le fait que Sheldon est absolument rétif, habituellement, à tout contact physique, mais elle tout à fait parlante même en ignorant cette particularité du personnage.

La capacité de résistance d'une peluche étant tout à fait limitée, cela fait d'elle un partenaire idéalement disponible pour ce type de câlins. Chats et chiens, qui disposent d'un peu plus d'autonomie, sont néanmoins, par atavisme ou conditionnement, assez enclins à se laisser câliner, leur conformation physique limitant toutefois leur possibilité de réponse réciproque dans la posture de l'enlacement.

❖

Indépendamment du contexte et de la relation entre les participants, qui seront abordés dans les chapitres ultérieurs, la question de la durée est importante pour déterminer si l'acte entre ou non dans la catégorie du câlin. Cette question fait rarement l'objet d'une négociation ouverte entre les partenaires, mais il est probable qu'elle est parfois sous-jacente. Le même acte dans la même posture n'aura pas en effet, pour les participants, la même signification selon qu'il est considéré ou non comme un câlin. Un peu après la 14ᵉ minute de l'épisode 23 de la saison 2 de *The Big Bang Theory*, Penny et Leonard, deux des personnages principaux de la série engagés dans une relation affective complexe – officiellement, ils ont rompu quelques épisodes auparavant –, s'étreignent sur le palier où ils sont voisins. Le jeu de scène de Leonard, qui doit s'absenter pour trois mois, montre assez clairement qu'il est surpris que la séquence se prolonge au-delà de ce qu'il pense être la durée conventionnelle pour un geste d'adieu : il ouvre les bras pour rompre l'enlacement, puis, après un froncement de sourcils interrogatif (à destination du public), les referme sur Penny qui, elle, n'a pas modifié sa posture. À la 17ᵉ minute de l'épisode, mais quelques heures plus tard sur le plan diégétique, Leonard frappe à la porte de Penny pour une petite explication :

– Et ce câlin vraiment long ? Qu'est-ce que ça signifie ?
– Ce n'était pas un câlin long.
– Il a duré au moins cinq secondes. Un câlin normal, c'est deux secondes, maximum.
– Leonard, je ne sais pas quoi te dire. C'était juste un câlin.
– Je suis content qu'on ait éclairci ça.

En l'absence d'un chronomètre, les Américains décomptent les durées brèves en prononçant sur un débit normal : *one Mississippi, two Mississippi, three Mississippi…* Chaque *Mississippi* valant pour une seconde

Pour ceux que le sujet intéresse, les mots-clefs « *long hug meaning* » dans un moteur de recherche sur le *web* renvoie une longue liste de pages et de forums où le sujet est largement débattu.

– What about this really long hug? What is that mean ?
– That wasn't a long hug.
– It was at least five Mississipis. A standard hug is two Mississipis, tops.
– Leonard, I don't know what to tell you. It was just a hug.
– Glad we cleared that up.

Dans le cas de Penny et Leonard, on assiste à une double négociation. – tout d'abord non verbale, lors du *hug* lui-même, avec le comportement gestuel de Leonard, et plus tard, verbalisée entre les protagonistes, à propos du sens du *hug* – car un des participants à l'intuition d'une discordance entre la durée du *hug* partagé et la signification relationnelle qu'il faut lui accorder. La suite directe de la séquence, dans le plan suivant, où l'on voit Penny, seule, soupirer et avouer, à elle-même et au public, *Means I wish you weren't going*, prouve que le pressentiment de Leonard était fondé.

L'étreinte réciproque du haut du corps, lorsqu'elle est brève n'est pas considérée en France comme un câlin, mais fait partie des figures des salutations gestuelles, sous le nom d'*accolade*. Cette dernière est pratiquée entre amis ou entre parents, ou encore entre les membres d'un groupe soudé par une activité partagée, comme une équipe sportive, ou plus largement par ceux d'une communauté rassemblés, même temporairement, par une pratique commune, par exemple les membres de deux équipes à l'occasion d'une rencontre sportive.

Il est expliqué un peu plus loin que l'anglais utilise le même mot, pour les deux situations, ce qui donne un éclairage supplémentaire sur la négociation entre Penny et Leonard.

Le fond signifiant de l'accolade semble bien être celui de la reconnaissance mutuelle comme membres d'une collectivité, ou de l'accueil au sein de celle-ci, et c'est à ce titre qu'elle fait encore partie des éléments posturaux codifiés des cérémonies formelles, diplomatiques ou militaires. Elle correspond au sens littéral du mot *embrassade* – prendre dans des bras : *embrasser* – avant que ce verbe voie sa signification évoluer vers le sens de *donner ou échanger un baiser*.

Tandis que le verbe *baiser* connaissait lui-même une autre translation de sens. Dans la perspective structuraliste, les changements linguistiques, qu'ils soient phonétiques ou sémantiques, surviennent rarement de façon isolée, mais affectent des secteurs entiers lors de déplacements simultanés, qui conservent, lors des évolutions, les oppositions et les similarités.

Le seul fait qu'elle soit prolongée ne suffit pas à faire d'une étreinte un câlin. Les catcheurs pratiquent une prise appelée *bodyblock* ou *bear hug*, qui consiste à entourer son adversaire de ses bras et à

Littéralement, le *câlin de l'ours* ou *l'étreinte de l'ours*, ce qui incidemment ramène sur le tapis le thème des animaux à fourrure.

le serrer contre soi le plus fortement possible, généralement en verrouillant les mains dans son dos, et parfois en le soulevant, jusqu'à ce qu'il demande grâce, ce qui prend un certain temps. À en croire les grimaces de ceux sur qui elle est pratiquée, cette prise n'a rien d'une partie de plaisir. Un vrai câlin ne saurait être une étreinte imposée de force.

Même intense, même passionnée, l'étreinte câline est un vecteur de tendresse, de douceur et de bien-être, et jamais une source de douleur ou d'inconfort. Elle est vécue par ses participants comme un moment agréable et plaisant, et non comme un rapport de force.

◆

✍ Debout, assis, couché

L e câlin français ne requiert pas de station spécifique, pourvu qu'elle soit confortable. Si l'on fait

Il est vivement recommandé d'utiliser les options de la recherche avancée pour spécifier d'une part que la recherche porte plutôt sur des images de type « photographie » et surtout d'exclure du résultat les termes « chat » et « chaton », au singulier comme au pluriel.

sur le *web* une requête de type « image » sur le terme *câlin* avec un moteur doté de cette fonction, on obtient presque indifféremment des situations de câlin dans les trois positions, debout, assise et couchée. Assis et couché présentent d'ailleurs un continuum qui fait parfois hésiter sur la position utilisée. Avec la même recherche sur le terme anglais *hug*, qui est souvent traduit par *câlin*, notamment dans l'expression *free hugs*, « câlins gratuits », on n'obtient presque que des personnes en station debout, et quelques-unes assises. Seuls les animaux sont présentés en position couchée. Est-ce à dire que les Anglo-saxons ne pratiquent le câlin qu'en station verticale ? En fait non, mais il se trouve que le terme désignant un câlin en position couchée est *cuddle*.

En excluant cette fois les mots « *cat* » et « *kitty* »...

Quelques rares images montrent qu'il est cependant aussi acceptable pour un câlin debout ou assis.

Ce petit exemple pour montrer que les langues, donc les cultures, ne découpent pas toujours la continuité du réel et du concret de la même manière. Là où le français oppose l'accolade et le câlin sur certains critères (situation, durée, etc.), l'anglais utilise le même mot *hug* pour l'étreinte verticale de type accolade et le câlin debout, en le distinguant du câlin couché, *cuddle*.

Une séquence de négociations tirée à nouveau de *The Big Bang Theory* illustre cette opposition. Là où Penny et Leonard débattaient brièvement du sens de leur étreinte en station debout, qu'ils désignaient par le terme *hug*, deux autres personnages vont entamer, dans l'épisode 8 de la saison 5, de longs pourparlers au sujet d'un échange physique. Pour apprécier une partie du sel

À partir de la 8e minute.

de cette tractation, il faut savoir qu'Amy est désespérément amoureuse de Sheldon et que, si officiellement ils « sortent » ensemble, leur relation s'apparente largement à un contrat dont presque toutes les clauses permettent à Sheldon, dépourvu d'attirance sexuelle pour qui que soit, d'éviter tous contacts intimes, ou même simplement physiques, pour lesquels il éprouve même une sorte de répulsion.

Amy et Sheldon sont assis sur un canapé, à environ un mètre de distance l'un de l'autre :

– Sheldon, je vais te demander quelque chose, et je voudrais que tu gardes l'esprit ouvert.
– Toujours.
– En ce moment, j'ai très envie d'intimité et de contact physique.
– Pauvre de moi ! Tu sais que notre relation se situe au niveau de l'esprit seulement.
– Proposition : une nuit sauvage de sexe torride, qui apaisera mon âme et enflammera mon bas-ventre.
– Contre-proposition : je te caresse gentiment la tête est répétant "là, là, qui est une gentille Amy ?"
– Que dis-tu de ceci : un baiser profond, sept minutes au paradis se terminant par un pelotage.

– Sheldon, I'm going to ask you something, and I'd like you to keep an open mind.
– Always.
– At this moment, I find myself craving human intimacy and physical contact.
– Oh, boy. You know ours is a relationship of the mind.
– Proposal: one wild night of torrid lovemaking that soothes my soul and inflames my loins.
– Counter proposal: I will gently stroke your head and repeat, "aw, who's a good Amy?"
– How about this? French kissing, seven minutes in heaven culminating in second base.

– *Neck massage, then you get me that beverage.*

– *We cuddle. Final offer.*

– *Very well. Oh, boy.* [Ils s'étreignent de façon maladroite et embarrassée, s'enfonçant un peu dans le canapé, Sheldon conserve la position assise et Amy se blottit en chien de fusil contre lui]

– *I'm just saying, second base is right there.*

> – *Massage de la nuque, puis tu me fais cette boisson* [chaude].
> – *On se câline. Dernière offre.*
> – *Très bien. Pauvre de moi...*
> – *Comme je disais, le pelotage est possible.*

Outre, l'opposition *hug/cuddle*, ou peut-être justement en raison de celle-ci, la séquence montre qu'Amy envisage le câlin comme un succédané acceptable du coït – faute de grives on mange des merles –, statut qu'elle a refusé à la caresse sur la tête et au massage de la nuque. Prélude ou substitut, épilogue ou ersatz, aussi bien aux États-Unis qu'en France, en langue comme en acte, le câlin entretient avec le congrès charnel une relation qui relève autant de la contiguïté que de l'analogie, de la ressemblance que de la substitution.

L'étude comparée du concept de câlins et de sa mise en œuvre dans diverses langues et cultures remplirait probablement un ouvrage entier de considérations passionnantes, et c'est à regret qu'elles seront mises de côté dans ce traité à l'usage des franco-phones.

◆

✍ Les positions relatives

Après celui de la station, vient l'examen de la façon dont les protagonistes d'un câlin organisent leur schéma postural commun.

On peut distinguer quatre positions, offrant toute une gamme de situations intermédiaires :

❖ Les partenaires sont face à face.

❖ Les partenaires sont côte à côte, mais avec une orientation au moins de trois quarts l'un par rapport à l'autre.

❖ Un partenaire est de profil par rapport à l'autre.

❖ Un participant a son torse contre le dos de son partenaire. Ils sont comme encastrés dans l'autre, à l'instar de deux cuillères dans un tiroir.

Dans chacune de ses positions, pour qu'il ait câlin, un bras au moins parmi les quatre disponibles dans la dyade câlinante doit enserrer ou entourer la partie supérieure du corps, entre la taille et le cou. Lorsque les quatre bras sont impliqués, les partenaires sont alors enlacés.

Pour cette raison, la position complètement côte à côte entre difficilement dans le répertoire des câlins. Quant à *l'auberge du cul tournée*, selon la gaillarde parlure populaire, elle illustre probablement la position la plus éloignée du câlin pour un couple partageant une couche. Bien que souvent entendue ou utilisée dans un contexte de refus de rapport sexuel, elle ne signifie pourtant à la base qu'être volontairement *couchés dos à dos*, en signe de mécontentement, de mauvaise humeur, d'animosité, univoque ou réciproque. Un demi-tour d'un seul des partenaires suffit à la transformer en position des *petites cuillères*, prélude possible à une *réconciliation sur l'oreiller*.

Le choix de la station, de la position et le nombre de bras impliqués relève de la volonté des partenaires, mais est également en partie fonction de leurs tailles respectives. Le répertoire complet est accessible aux participants de statures comparables, mais plus celles-ci sont différentes, plus les possibilités se réduisent. Entre un adulte et un enfant, par exemple, la station debout est difficile en raison de la situation relative de leurs membres supérieurs.

La langue anglaise possède un verbe pour cette action, *to spoon* (du substantif *spoon*, cuillère) qui fournit un mot pour le résultat, *spooning*. Toutes les techniques du *spooning* sur le site http://www.wikihow.com/Spoon-Someone

Une différence de taille importante limite également la position en cuillères encastrées, l'emplacement extérieur revenant presque systématiquement au partenaire le plus grand et/ou le plus massif.

✍ Les gestes du câlin

L es gestes ne sont pas indispensables lors d'un câlin, et ce dernier ne peut pas être considéré comme incomplet s'il n'en comporte pas, notamment parce que certaines positions ne leurs sont pas favorables. Néanmoins, les gestes surviennent fréquemment et spontanément lors d'un câlin.

Vecteurs les plus évidents des gestes, les bras et les mains effectuent plusieurs mouvements. Les bras se déplacent du cou aux hanches, modifiant leur position, pour accentuer le contact et le rendre plus étroit, intensifiant ainsi l'échange par des variations de pression. L'étreinte des partenaires se module dans un schéma d'actions/réactions réciproques qui peut s'assimiler à un dialogue corporel.

Les mains prodiguent des caresses, sur ou dans les cheveux, sur la nuque, sur les joues, sur le cou, sur le haut des épaules ou autour de celles-ci, etc. Outre le visage, c'est tout le tronc jusqu'à la ceinture scapulaire qui est susceptible de recevoir ce doux contact de la paume en mouvement qui définit la caresse. Sur certaines zones, la caresse est plutôt prodiguée par les doigts – phalanges, phalangines, phalangettes, suivant la précision et la délicatesse du toucher – c'est notamment le cas des oreilles, des sourcils, des lèvres, et toute autre partie du corps dont la richesse en terminaisons nerveuses permet de ressentir des contacts peu appuyés de type frôlement et effleurement.

La tête bouge également. Elle vient au contact de celle du partenaire, ou d'une autre partie du corps : cou, épaule, poitrine, dos, flanc.

Les lèvres déposent des baisers à divers endroits sur la peau nue, et, du *bécot* au *poutou* en passant le *bisou* et le *mimi*, c'est tout un éventail de contacts labiaux qui se déploie suivant le degré d'intimité des partenaires. Entre adulte et enfant, ce geste reste habituellement innocent, mais entre adultes, il faut remarquer qu'il n'est possible que si les participants sont habituellement dans une relation intime, ou sont susceptibles de s'y engager.

Ou *inuit*, selon la terminologie contemporaine officielle. On le rencontre chez d'autres peuples et d'autre cultures comme les Maoris de Nouvelle-Zélande, les Mongols nomades du désert de Gobi, les tribus yéménites, et, en Asie du Sud-Est, chez les Bengalis, les Cambodgiens, les Laotiens, les Thaïs et les Ibans.

Par-delà le *baiser esquimau* – contact et frottements réciproques des nez des partenaires –, un participant peut aussi utiliser son appendice nasal pour toucher diverses parties du corps de son partenaire de câlin.

Enfin, les partenaires peuvent aussi échanger des *baisers de papillon*, cette caresse que l'on donne en battant des cils contre la peau de l'autre.

En position assise ou étendue, les jambes peuvent également effectuer des mouvements pour s'entrecroiser, dans cette recherche conjointe d'une plus grande zone de contact physique, notamment dans la *phase d'ajustement* (*cf. infra*).

Enfin, impliquant tout le corps – donc à la limite de ce qui relève de la catégorie des gestes – il faut noter les lents mouvements de balancier qui correspondent à l'action de bercer le partenaire.

◆

Le déroulement du câlin

Les gestes qui viennent d'être évoqués, et dont la liste n'est probablement pas exhaustive, forment le lexique du câlin, son vocabulaire de base. En fonction du contexte énonciatif – station et position – ils vont se combiner et succéder en séquences tels les mots dans des phrases, elles-mêmes articulées en une sorte de texte, celui du câlin.

Dans une co-construction des participants, le câlin consenti et partagé enchaîne une série de mouvements et de gestes dans une suite de séquences synchronisées.

Il y a d'abord le rapprochement des corps et le placement des bras, c'est la *phase d'engagement*, décrite plus haut, durant laquelle les protagonistes négocient la position selon la station adoptée.

S'ensuit une succession de mouvements de faible amplitude, parfois presque imperceptibles, mais impliquant l'ensemble du corps ; c'est la *phase d'ajustement*, pendant laquelle les partenaires recherchent le contact mutuel le plus confortable et souvent le plus étroit. Il s'agit pour eux de se blottir l'un contre l'autre en trouvant l'équilibre entre la plus grande zone possible de connexion corporelle et la sensation de bien-être partagé.

Elle est généralement suivie d'une *phase de relative immobilité*, qui peut être accompagnée de bercements, de gestes calmes et de caresses lentes, tels que mentionnés précédemment. Les souffles s'accordent progressivement et la respiration finit par se faire à l'unisson.

Arrive enfin la *phase de séparation*, où l'étreinte des bras se desserre et les corps s'éloignent lentement l'un de l'autre pour rompre le contact physique.

Lorsqu'un câlin se prolonge, plusieurs phases d'ajustements successifs et/ou des phases de changement de position peuvent survenir.

Un câlin prolongé peut également comporter des changements de stations. Un câlin commencé debout va se transformer en câlin assis puis allongé.

La modification inverse est plus rare, mais n'est pas impossible. Elle peut notamment être une façon de négocier la phase de séparation. Lorsque des partenaires doivent, pour des contingences extérieures, mettre fin au câlin en cours, le passage du câlin couché au câlin assis, et/ou du câlin assis au câlin debout leur permet de manifester le regret de devoir abandonner leur interaction physique et constitue une façon de prolonger leur étreinte dans un processus de rupture très progressif du contact.

Cette tentative de description du câlin – participant, station, position, déroulement, geste – est forcément réductrice lorsqu'elle est confrontée à l'expérience de chacun, et ne doit donc surtout pas être entendue comme normative ou prescriptive. Pour décrire une situation d'interaction humaine de façon générale, il faut mettre à jour ses invariants, ou du moins ses caractéristiques les plus fréquentes lors d'une réalisation, mais il n'est nul besoin qu'une de ses réalisations précises présente l'ensemble de ses caractéristiques pour relever de la situation générale. Chacun a d'une part son idée du câlin, et d'autre part ses expériences en la matière. Chacun peut avoir d'un côté sa représentation du câlin en général, imagi-

ner par ailleurs son concept du câlin idéal, et dis-
poser concrètement d'un répertoire personnel de
câlins qui conviennent à une situation donnée pour
un type précis de relation avec un partenaire spécifique. Au sein de ce répertoire, chacun peut possé-
der ses câlins favoris dans l'absolu, et ses câlins pré-
férés avec telle ou telle personne.

Il n'existe donc pas vraiment de câlins types, tout
au plus peut-on admettre qu'une étreinte peut être
un câlin à partir du moment où elle contient un
certain nombre d'éléments les plus fréquemment
admis comme en étant caractéristiques. Le câlin est
une figure interactive qui se réalise en fonction des
personnes et des situations. Tout en relevant d'une
catégorie identifiée d'interactions, chaque câlin
– donné, reçu, partagé – est unique, car il résulte de
la combinaison d'une multitude d'éléments dans un
contexte interpersonnel et situationnel toujours en
mouvement.

Pour cette raison, il est difficile, voire impossible
de déterminer de l'extérieur si un câlin est réussi.
Il est loisible d'imaginer un concours de câlins qui
se déroulerait devant un jury. À l'instar d'une com-
pétition de patinage artistique en couple, les jurés,
observateurs externes, attribueraient une note sur

les programmes libres et imposés dans lesquels se mesureraient des compétiteurs. Mais même avec des notes techniques et artistiques élevées pour chacune des phases précédemment décrites, pourrait-on dire pour autant que le câlin est réussi ? En fait non, car seuls les participants du câlin sont en mesure de délivrer une estimation de son résultat, non pas sur la base d'une évaluation de la performance technique, mais sur celle d'un ressenti personnel et intime. Cet aspect sera abordé dans un chapitre ultérieur, et après avoir envisagé le câlin du point de vue de ses effets physiologiques. Pour le moment, il faut se contenter de dire qu'un câlin est réussi quand il procure une sensation, si possible partagée, de plaisir.

❖

✍ Après le câlin

Il a été dit plus haut que la phase de séparation est celle qui vient conclure le câlin, mais en est-il systématiquement ainsi ? La réponse est non, car il existe au moins deux évolutions possibles au câlin.

❖

La première ne concerne que les câlins en station couchée, ou du moins en position suffisamment allongée pour pouvoir conduire à la somnolence, à l'endormissement puis au sommeil, qu'il s'agisse d'une simple sieste ou d'une nuit complète. Il n'est pas du tout dit que les partenaires conserveront leur posture relative durant toute la période léthargique, c'est même probablement le contraire qui se produira.

D'une part, l'enchaînement des phases durant les cycles du sommeil, puis la succession même de ces cycles dont les durées sont très individualisées, conduisent naturellement à des modifications des positions des dormeurs, et il faudrait des partenaires exceptionnellement bien synchronisés dans leurs rythmes ultradiens pour réussir à maintenir un câlin durant toute une nuit.

D'autre part, si la position adoptée pour un câlin couché peut paraître plaisante pendant quelques minutes ou plus, elle peut devenir inconfortable, puis désagréable, voire douloureuse, si un des bras d'un ou des deux partenaires se trouve comprimé sur le trajet d'un nerf ou des vaisseaux sanguins. Une telle compression entraîne un trouble de la perception tactile connue génériquement sous le nom de *paresthésie*, qui peut parfois être associée à la contraction douloureuse et temporaire d'un muscle.

La paresthésie va commencer une perte de la sensibilité. La compression des veines et des artères conduit à une diminution de circulation sanguine qui va provoquer une souffrance des cellules nerveuses par manque d'oxygène et mener à l'engourdissement du membre, accompagné d'une sensation de froid à son extrémité. Si la compression se prolonge, la sensation devient déplaisante, pénible, puis intolérable et impose un changement de position. Lorsque le muscle privé de sang est de nouveau irrigué surviennent alors des fourmillements et des picotements temporaires induits par les terminaisons nerveuses le temps qu'elles retrouvent un fonctionnement normal des signaux qu'elles envoient au cerveau. La paresthésie va conduire le participant qui en ressent les effets à modifier sa posture, au profit d'une position propice à la poursuite de l'endormissement, sans forcément rompre le contact physique.

La seconde évolution du câlin ramène à l'un des sens évoqués au premier chapitre. Si les partenaires sont engagés dans une relation amoureuse, ou du moins sentimentale, ou si simplement ils sont susceptibles d'éprouver du désir l'un pour l'autre, le câlin calmement commencé peut devenir plus fébrile, évoluant alors vers des préliminaires à l'acte sexuel. Cette évolution se situant dans un continuum, il est difficile de dire à quel moment on quitte le câlin pour entrer dans la dimension érotique de l'étreinte, mais il est probable que l'échange de baisers profonds signe le passage où les manifestations physiques de l'excitation génitale propres à chaque sexe sont soit déjà présentes, soit susceptibles de survenir, transformant alors le câlin en prélude charnel.

Après la relation sexuelle, les partenaires peuvent d'ailleurs prolonger le contact par un… câlin !

Cet essai de description de l'extérieur n'apporte pas d'explications sur pourquoi les humains semblent, quand on les observe en train de pratiquer un câlin, en éprouver du plaisir et en retirer du bien-être. Eux-mêmes seraient sans doute bien en peine d'en rendre compte. L'examen de ce qui déroule à l'intérieur de l'organisme des participants à un câlin, objet du chapitre suivant, va permettre d'apporter quelques éléments de réponses dans cette quête herméneutique.

Mais aussi les animaux, notamment les mammifères.

✍ LA PHYSIOLOGIE ✍

Ce qui se passe à l'intérieur.

Où l'on parle de communication chimique, d'hormones, de récompenses, d'attachement, d'addiction, de bonne humeur et autres sensations tout aussi agréables.

Lorsqu'un câlin est donné, reçu ou partagé, il se produit à l'intérieur du corps de ses protagonistes un ensemble de réactions relevant de la chimie biologique hormonale.

Notre organisme est un gigantesque système de télétransmission interne véhiculant à chaque instant un très grand nombre de messages. Le rôle de l'influx nerveux dans l'acheminement de ceux-ci est connu depuis longtemps, mais il ne constitue pas la seule modalité de transmission des informations des récepteurs sensoriels vers les neurones, et en retour des neurones vers les organes. Les liens entre les neurones ou les cellules nerveuses sont en effet établis aussi bien par des signaux électriques que par des signaux chimiques. Pour ces derniers, les informations qu'ils contiennent sont véhiculées par des molécules dites, justement, *messagères*. Pour produire ces molécules, ce central de communication qu'est notre corps se double donc d'une usine de production chimique fonctionnant en permanence.

Ces molécules messagères produites par notre organisme possèdent des structures chimiques très diverses, et leur classification repose non pas sur ces caractéristiques chimiques, mais sur leurs propriétés et leur fonctionnement. Dans cette classification se trouvent, entre autres, car cette liste n'est pas limitative :

❖ Les médiateurs qui, libérés à l'extrémité d'un nerf, transmettent une information à une structure postsynaptique qui peut être un autre nerf ou un muscle, lisse ou strié.

❖ Les neurotransmetteurs ou neuromédiateurs, libérés par les neurones et agissant sur d'autres neurones.

❖ Les hormones, dont la caractéristique essentielle est d'être véhiculées par le sang et diffusées dans l'ensemble de l'organisme depuis la glande qui les libère jusqu'à l'organe où elles exercent leurs effets. Les hormones sont produites en réponse à une stimulation et sont capables d'agir à très faible dose.

Plus rarement à l'extérieur de celui-ci.

L'ensemble des organes – glandes ou tissus – capables de secréter des hormones forme le système endocrinien.

La simulation qui va libérer des hormones lors d'un câlin relève de la *somesthésie*. Au-delà du simple toucher, il s'agit de la sensibilité du corps dans sa globalité en tant qu'un des systèmes sensoriels de l'organisme. Ce concept désigne un ensemble de différentes sensations (pression, chaleur, douleur…) provenant de plusieurs régions du corps (peau, tendons, articulations, viscères…). Ces sensations sont élaborées à partir des informations fournies par les nombreux récepteurs sensitifs du système somato-sensoriel, situés dans les tissus de l'orga-nisme (mécanorécepteurs du derme et des viscères, fuseaux neuromusculaires des muscles, fuseaux neuro-tendineux des tendons, plexus de la racine des poils…).

Il est reconnu aujourd'hui que la somesthésie est le principal système sensoriel de l'organisme humain et que la stimulation du corps est un besoin fondamental. Il est possible de vivre en étant privé des autres systèmes sensoriels, comme la vue ou l'ouïe, mais la privation de stimulations somesthésiques provoque des troubles psychologiques majeurs et irréversibles.

Les molécules messagères libérées dans l'organisme humain lors d'un câlin sont, en l'état des recherches sur le sujet, au nombre de trois : l'ocytocine, la dopamine et la sérotonine.

L'hormone de l'amour, mais aussi de tout un tas de choses

C'est le nom, très expressif, qui a été donné à l'ocytocine par des journalistes en quête de titres sensationnels. Au prix de quelques raccourcis, cette appellation est néanmoins relativement justifiée.

L'ocytocine est à la fois un neurotransmetteur et une hormone. Synthétisée principalement au niveau de l'hypothalamus, puis sécrétée par l'hypophyse, elle est ensuite diffusée dans le reste du cerveau et dans le sang. Ses deux principaux récepteurs, et les premiers qui ont été identifiés, étant les muscles lisses de l'utérus et les glandes mammaires, elle est impliquée dans l'accouchement, à qui elle doit son nom, et dans la lactation. Il est admis qu'elle joue un rôle important dans l'attachement de la mère envers sa progéniture, d'où son nom d'*hormone de la maternité*, bien qu'en être partie prenante ne signifie pas pour autant en être à l'origine. En effet, il convient d'être très prudent concernant l'interprétation des paramètres hormonaux en termes de comportements sociaux et de leur influence sur la personnalité des individus.

> Son nom signifie *accouchement rapide* (« ocy » du grec ὠκύς, *ôkus* : rapide et de « tocine » τόκος, *tókos* : accouchement).

Tout ce qu'on sait aujourd'hui, c'est que la présence d'ocytocine, au-delà de ses effets mécaniques lors de la parturition et de l'allaitement, aide à se détendre, à se sentir en sécurité, à apaiser la peur et l'anxiété. On sait également que l'autisme est souvent accompagné d'une sécrétion moindre d'ocytocine et que le taux de cette hormone varie d'un individu à l'autre, ainsi qu'au cours de la journée. Outre ses deux principaux, l'ocytocine possède des récep-

Le système de récompense ou de renforcement est un système fonctionnel fondamental des mammifères, situé dans le cerveau. Il est indispensable à la survie, car il fournit la motivation nécessaire à la réalisation d'actions ou de comportements adaptés, permettant de préserver l'individu et l'espèce (recherche de nourriture, reproduction, évitement des dangers, etc.). Plus précisément, il est constitué de trois composantes :
◊ *affective*, correspondant au plaisir provoqué par les *récompenses*, ou au déplaisir provoqué par les *punitions* ;
◊ *motivationnelle*, correspondant à la motivation à obtenir la récompense ou à éviter la punition ;
◊ *cognitive*, correspondant aux apprentissages généralement réalisés par conditionnement.

teurs dans les *noyaux accumbens*, deux ensembles de neurones situés dans chacun des hémisphères cérébraux et impliqués le *système de récompense* et dans les mécanismes de l'addiction.

Des mesures effectuées sur les humains après des relations sexuelles montrent que l'orgasme libère un grand flux d'ocytocine dans le sang, et c'est aussi de ce phénomène qu'elle tire sa dénomination d'*hormone de l'amour*. Elle est parfois également affublée des surnoms abusifs d'*hormone du plaisir* ou d'*hormone du bonheur*.

Un ensemble d'expériences et d'études laisse à penser que la libération d'ocytocine semble favoriser la création des liens émotionnels entre des personnes, en étant à l'origine d'une sensation de bien-être et d'apaisement, de confiance et d'optimisme qui plonge le sujet dans un état de tendre affection. On parle alors d'elle comme de l'*hormone de l'attachement*.

Considérant que l'ocytocine réduit l'anxiété et la peur, induit un sentiment de calme et de sécurité, favorisant ainsi la confiance et le rapprochement entre les individus, certains chercheurs pensent même qu'elle joue un rôle important dans le comportement sociable des êtres humains, dans les relations qu'ils entretiennent et au final dans la création de leurs liens affectifs, et n'hésitent pas à la qualifier d'*hormone du lien social*, considérant qu'elle participe au plaisir ressenti au cours d'une interaction sociale.

Des études ont montré qu'elle promouvait également la coopération, l'altruisme, et l'empathie au sein d'un groupe. Par ailleurs, parce qu'elle renforce l'attachement que ressent un individu pour son propre groupe, l'ocytocine serait capable de déclencher une agressivité de nature défensive. En cas de menace réelle ou ressentie, l'individu présentant un fort taux d'ocytocine se mettrait à défendre son groupe, quitte à se nuire à lui-même, dans un comportement que l'on nomme l'*altruisme de clan*. C'est également lui qui se manifeste lorsqu'une mère protège, pacifiquement ou agressivement, ses enfants, même au prix de sa propre vie, ou lorsqu'un combattant, soldat ou terroriste, se sacrifie pour sa patrie ou sa communauté. En ce sens, l'ocytocine pourrait tout aussi bien être surnommée *l'hormone du don de soi*, ou l'*hormone du sacrifice*, ce que d'aucuns n'ont pas manqué de faire.

S'il est vrai que les hormones jouent un rôle dans les schémas comportementaux, c'est donc avec une certaine ambivalence et il paraît sage de se garder de répartir de façon définitive et univoque leurs effets selon une axiologie ou un déterminisme quelconque.

∾ L'hormone du bien-être

Également neurotransmetteur et hormone, la dopamine, molécule messagère moins spectaculaire d'un point de vue journalistique, aurait pourtant méritée tout aussi bien les qualificatifs d'*hormone de la récompense* et d'*hormone de l'addiction*. Elle sert à gratifier pour une action bénéfique que l'on a faite envers son propre corps, comme le nourrir, l'abreuver, ou assurer sa reproduction. L'organisme s'assure ainsi que l'on voudra rapidement renouveler l'expérience. La dopamine a donc partie liée avec les sensations de désir et de plaisir, d'où sa res-

Elle est principalement produite dans la substance noire et dans l'aire tegmentale ventrale (ATV), situées dans le mésencéphale.

ponsabilité, ou du moins son implication, dans les problèmes de dépendance.

Comme l'ocytocine, elle intervient dans les comportements de recherche de récompense. L'homme ne mange pas uniquement parce qu'il a faim, c'est-à-dire parce que survient une baisse de son niveau de glucose sanguin, mais parce qu'une fois qu'il aura accompli l'action destinée à satisfaire son appétit – rétablissement du niveau de glucose sanguin –, le système endocrinien va libérer certaines hormones, dont la dopamine, provoquant une sensation diffuse de plaisir, que l'on identifie en général au sentiment de bien-être.

Ainsi, en réponse à un stimulus, le cerveau encourage à l'action pour satisfaire un besoin. La faim, la soif, mais aussi le désir sexuel qui incite à solliciter un partenaire disponible, ou encore le sentiment d'isolement qui pousse à rencontrer d'autres personnes, dans un besoin de socialisation spécifiquement humain dans la plupart de ses manifestations, quoiqu'il soit également observable selon diverses modalités chez certains animaux. Et c'est cette action qui est récompensée par la libération d'hormones suscitant un sentiment de plaisir dont le sujet n'a pas toujours une conscience très précise. Il est intéressant de remarquer que l'être humain a

tendance à ritualiser socialement les actions enga-
geant les comportements de recherche de récompense, le moment du repas, par exemple, qui partagé entre amis procurera toujours plus de plaisir
qu'un simple sandwich solitaire avalé à la hâte.

La dopamine est également engagée dans des fonctions cérébrales telles que l'apprentissage et le
sommeil, et plus généralement dans des domaines
comme ceux de l'attention et de la motivation. Plus
curieusement, elle serait à l'origine du frisson que
l'on peut éprouver en écoutant de la musique, et elle
serait sécrétée aussi bien en anticipation de la joie
à entendre une mélodie que lors de son écoute elle-
même

Il reste à la recherche bien des travaux à faire avant
de mettre à jour l'ensemble des mécanismes qui
régissent ou impliquent cette molécule messagère,
et il serait – bêtement – réducteur de vouloir limiter son rôle au fonctionnement de l'addiction dans
une perspective mécaniste ou pavlovienne. La complexité du comportement des neurotransmetteurs

est encore très loin d'avoir été complètement éclaircie, et il reste parmi ceux-ci bien des arcanes à explorer et à tenter d'interpréter.

Et tandis que l'on en sait encore si peu sur la dopamine qui ne compte que cinq types de récepteurs, que dire alors de la sérotonine, qui en admet quatorze, et peut-être plus selon certains chercheurs ?

L'hormone de la bonne humeur

Comme ses deux sœurs, la sérotonine est à la fois une hormone et un neurotransmetteur.

La sérotonine est produite par des cellules du tube digestif[1], les noyaux du raphé[2] et le tissu osseux[3]. La sérotonine circule dans l'organisme à des taux extrêmement faibles. Elle est majoritairement stockée dans les plaquettes sanguines[4] et n'est disponible pour les organes périphériques que si elle est relâchée lors de l'activation de ces plaquettes.

1 Cellules entérochromaffines.

2 Un ensemble de structures sous-corticales du cerveau, présentes au niveau du bulbe rachidien, du pont et du mésencéphale.

3 Les ostéoclastes, cellules osseuses en charge de résorber l'os. Le remodelage osseux est assuré par un équilibre fin entre la formation d'os assurée par les ostéoblastes et leur dégradation par les ostéoclastes.

4 Les thrombocytes.

En l'état des recherches la concernant, on sait qu'elle est impliquée :

❖ dans régulation du cycle circadien – l'ensemble des processus biologiques qui ont une oscillation d'environ vingt-quatre heures – et à ce titre, elle joue un rôle dans l'alternance veille/sommeil et dans la vigilance ;

❖ dans l'hémostase, qui est l'ensemble des mécanismes qui assurent le maintien du sang à l'intérieur des vaisseaux et, en particulier, des phénomènes qui déterminent l'arrêt du saignement lorsqu'un vaisseau est endommagé ;

❖ dans la digestion et la thermorégulation de l'organisme ;

❖ dans les comportements alimentaires et sexuels.

Et cette liste n'est pas limitative.

Ces informations sont certes passionnantes, mais la caractéristique de la sérotonine intéressante dans le contexte du câlin est son rôle dans la gestion du stress et de l'anxiété, dans la manifestation et la régulation des phobies, des troubles obsessionnels compulsifs et des épisodes dépressifs. Relativement à l'état psychique, il a été observé chez des individus souffrant de dépression une diminution de la production de sérotonine.

Les recherches concernant ces aspects en sont encore à leurs débuts, mais elles peuvent être synthétisées en disant que le taux de sérotonine influencerait l'humeur, et que les pensées positives ou négatives influenceraient à leur tour la production de cette molécule. C'est ce trait particulier qui lui vaut le sobriquet d'*hormone de la bonne humeur*.

La durée moyenne d'un contact entre deux personnes est de trois secondes, mais le délai minimum nécessaire à la diffusion des trois hormones dont il vient d'être question est d'environ vingt secondes. Il a été vu dans le chapitre précédent qu'un câlin, pour mériter ce nom, nécessitait une certaine durée. Il semble donc que pour produire ses effets, un câlin partagé ou échangé doit se poursuivre au moins vingt secondes, et qu'à partir de ce laps de temps sont donc libérés dans l'organisme de ses participants trois composés chimiques jouant un rôle dans :

❖ dans le sentiment amoureux – on dira l'affection, pour utiliser un terme plus neutre ;

❖ dans la sensation de bien-être, qu'il soit corporel et/ou affectif ;

❖ et dans cet état d'esprit d'optimisme, positif et
agréable, que l'on désigne sous le nom de bonne
humeur.

Dans ces conditions, est-il étonnant d'avoir constaté
que le câlin a des propriétés thérapeutiques ? Il a
été observé que l'état de santé des nourrissons et
des enfants en bas âge peut être amélioré par des
câlins réguliers, et que ceux-ci accélèrent le processus de guérison des maladies bénignes. Ils ont également des effets bénéfiques sur la croissance des
bébés prématurés.

Entre adultes, on peut s'attendre à ce que le câlin
procure un bien-être physique et participe à l'équilibre affectif, ce phénomène s'accompagnant alors
d'un sentiment de réconfort et de bonheur.

Le câlin n'a sans doute pas le privilège de ces effets,
les vertus du toucher n'ont plus à être vantées à tous
les adeptes des thérapies douces, et ont donné lieu
au développement d'un ensemble de techniques
connues depuis des millénaires sous le nom de mas-
sages. Le contact physique est donc la partie essen-

tielle de ce mécanisme de sécrétion d'hormones gratifiantes, et peut se produire chaque fois qu'on prend une personne dans ses bras, qu'on berce un enfant, qu'on caresse un chien ou un chat, qu'on danse avec un partenaire, qu'on est suffisamment près de quelqu'un au point de le toucher ou qu'on tient simplement un ami, une connaissance, un collègue par les épaules.

Dans la construction du lien, l'augmentation de la diffusion des hormones fait du contact physique un moment particulièrement agréable. À la rupture de celui-ci, les taux redescendent, mais les protagonistes conservent le souvenir de l'importance de l'autre dans cet épisode plaisant et heureux, et lui en attribuent certainement une partie, ce qui les incite à renouveler ce rapprochement.

Il est évident que d'autres mécanismes – psychiques, intellectuels, physiques – sont à l'œuvre dans la relation à l'autre, et aux autres, et tous les comportements sociaux et affectifs ne peuvent pas être ramenés à une simple chimie hormonale. Il serait tout aussi erroné de le prétendre que de nier son rôle dans la construction du lien social et émotionnel.

Puisque le câlin ne possède pas l'exclusivité du déclenchement des mécanismes hormonaux qu'il implique, cela signifie que le point de vue physiologique, bien qu'il participe de son fonctionnement et donc de sa compréhension, ne permet pas d'épuiser son rôle et sa signification. Un complément d'enquête s'avère nécessaire et un supplément d'informations va être cherché et, espérons-le, apporté par le chapitre suivant consacré aux aspects psychologiques, comportementaux et sociaux du câlin.

Avant de clore ce chapitre, une remarque s'impose sur un phénomène qui vient de faire retour une nouvelle fois.

En langue, il a été observé que le câlin participait aussi bien du registre affectif innocent que de l'ordre de l'intime dans sa dimension sexuelle.

En tant qu'acte, il a été vu que le câlin se situait dans un spectre de postures et de gestes affectueux et amoureux dont la solution de continuité pouvait être particulièrement difficile à repérer.

Envisagé selon les mécanismes de la chimie biologique hormonale, le câlin révèle la même ambiguïté.

Sur trois hormones impliquées, deux – l'ocytocine et la dopamine – sont également à la manœuvre dans la relation sexuelle, que se soit au niveau du désir ou dans son aboutissement, l'orgasme.

Cette ambivalence va-t-elle se retrouver dans les angles d'approche du chapitre suivant ? Et vont-ils concourir à l'élucider ?

᧰ LES SCIENCES
SOCIALES ET HUMAINES ᧰

De l'inné à l'acquis, du naturel au culturel.

Où l'on parle d'interactions, de rituels, de bulle intime et de distance sociale, d'actes de langage, mais aussi de thermodynamique, de soirées câlins, de Sénèque et de peinture.

Après la question du sens, après une tentative de description de l'acte et après l'approche physiologique, pour compléter la démarche anthropologique concernant le câlin, il est temps d'interroger les disciplines qui ont pour objet les comportements humains, individuels ou collectifs, dans leurs contextes sociaux et sociétaux : histoire, culture, mode de vie, psychologie, etc.

Bien entendu, les questions linguistiques relèvent des sciences humaines, et que ce soit pour rendre compte de la dimension concrète du câlin ou pour éclairer les mécanismes biochimiques sous-jacents qu'il provoque, il a fallu recourir à certains concepts – tendresse, affection, intimité, confiance, bien-être, interaction, désir – qui auraient tous mérité une explicitation de leurs tenants et de leurs aboutissants, sans qu'elle ait été apportée au moment où ils furent convoqués. C'est dans ce chapitre que – pour certains d'entre eux – ils vont être questionnés dans la relation qu'ils entretiennent avec l'objet de ce traité.

✍ Le point de vue social

On peut définir le *social* comme l'ensemble des comportements, individuels ou collectifs, relatifs à la vie des êtres humains en société. À l'instar d'autres universaux, c'est-à-dire des traits communs à l'espèce, comme sa faculté d'élaborer et d'utiliser un langage articulé, l'être humain est génétiquement programmé pour concevoir et suivre des comportements sociaux qui vont être culturellement intériorisés et déve-

Elle même caractérisée par un ensemble d'invariants biologiques.

loppés. Ces conduites vont donc être sujettes à des variations infinies, ou presque, suivant les époques et les climats, tout en étant elles-mêmes, à l'intérieur d'un groupe donné, en lente, mais perpétuelle évolution. Ces comportements régissent l'expression des relations entre les humains, mais également entre ceux-ci et animaux, les objets ou les êtres imaginaires et/ou immatériels, et ils déterminent non seulement les rapports entre les vivants, mais aussi ceux que ces derniers doivent entretenir avec les morts. Quelles que soient les cultures, ils règlent la conduite à tenir en toutes circonstances, qu'il s'agisse de satisfaire à des besoins primordiaux – se sustenter, dormir, se vêtir, rechercher un partenaire sexuel et s'apparier à lui pour un moment ou pour une vie, se reproduire et assurer l'éducation de sa progéniture, etc. –, ou en apparence plus secondaires – travailler, se divertir, gérer ses amitiés et ses réseaux de connaissances, faire la guerre... Il est même probable que plus une activité est primaire, plus elle est organisée socialement, voire ritualisée ; il suffit de songer à l'écart qu'il existe entre les actions de cuisiner et de prendre un repas, et la nécessité de se nourrir.

> Les esprits, les divinités – bienveillantes ou maléfiques – et leurs envoyés.

Sur un autre axe, il ne faut pas penser que les comportements sociaux ordonnent les relations entre les personnes uniquement lorsqu'elles sont en présence les unes des autres, car ils concernent également nombre de situations où l'individu est seul, par exemple l'usage des toilettes et de la salle de bains. Ce n'est de fait guère paradoxal, car ces moments sont finalement pris dans la trame sociale dans la mesure où ils permettent de répondre à un impératif pour paraître en public, du moins dans la plupart des cultures : être propre.

Le *social* est donc l'expression de l'existence de relations entre les vivants – ou considérés comme tels – se manifestant à travers des activités. Dans cette perspective, de quel type d'activité sociale le câlin relève-t-il ? Il est proposé tout d'abord de ranger le câlin dans la catégorie des *interactions*.

1 Notamment, il est l'objet privilégié de la psychosociologie et de la psychologie sociale.

2 Principalement dans la perspective interactionniste, courant de pensée où place de l'acquis est centrale par rapport à l'inné et qui professe que l'individu se construit dans ses relations avec son environnement, qu'il soit social, humain, affectif, matériel…

3 Interhumaine, mais aussi inter-espèce.

Le terme *interaction* ne fait pas l'objet d'une définition unique, mais présente au contraire une certaine dispersion sémantique : il désigne tantôt un *processus*, tantôt un *objet* d'étude,[1] tantôt un *point de vue*[2] pour appréhender des phénomènes relationnels.

Il doit être possible de ne fâcher personne ou de n'encourir aucune foudre réprobatrice d'aucune école de pensée en disant qu'une interaction est une relation[3] dans laquelle une intervention verbale (articulée ou non : cris et vocalises) et/ou non verbale (geste, regard, expression, mimique, mouvement, action, attitude, comportement…) provoque une action en retour, qui, en général mais pas systématiquement, retentit ensuite sur l'initiateur de l'échange.

Il a été vu que les dictionnaires contemporains définissent le câlin justement comme un échange ; la tentative de description de son déroulement a mis en évidence, de façon bien incomplète certainement, l'enchaînement coordonné des gestes en miroir et des attitudes réciproques ordonnées en une série de couples stimuli/réponse qui le composent ; enfin, il a été dit qu'au-delà de la réaction consciente, le temps du câlin induisait une réponse hormonale interne. Le câlin est donc bien une interaction.

Les interactions peuvent être classées de bien des manières, selon des axes sur lesquels elles vont être réparties, par exemple celui de la coopération, encore qu'il faille distinguer si celle-ci désigne un but extérieur à l'interaction, ou si elle qualifie son déroulement interne. Même pour se battre, il faut être d'accord pour échanger des coups, éventuellement en respectant un certain protocole. En ce sens, un match de boxe est une interaction éminemment coopérative, même si elle n'est pas spécialement iré-

nique. L'axe du degré de conflit ou d'an-
tagonisme peut alors être plus pertinent,
ou du moins complémentaire, pour répartir les interactions.

De ce qui a été décrit du câlin jusqu'alors, il n'est
pas difficile de déduire qu'il s'agit d'une interaction
supérieurement coopérative et pacifique.

Il a été dit dans l'introduction que la pratique du
câlin semble innée, ce qui laisserait entendre que les
compétences qu'il nécessite ne s'acquièrent pas, or il
vient d'être expliqué que les comportements sociaux
font justement l'objet d'un apprentissage, qui pour
s'opérer à l'insu du sujet n'en est pas moins extrêmement prégnant. Paradoxalement, il est probablement plus aisé de s'affranchir, temporairement
ou définitivement, d'un usage codifié dans un guide
de bonnes manières – à table, l'utilisation des cou-
verts – et d'autant plus s'il est ressenti comme peu
motivé, que d'une proscription sociale n'ayant
jamais été écrite nulle part – sortir en arborant des
chaussures dépareillées – et qui est tout aussi arbi-
traire.

Le câlin est la forme sociale d'un comportement de contact que l'on observe également chez les animaux – les mammifères et les oiseaux. En fait, l'apprentissage social qui concerne le câlin ne se rapporte pas à la façon de le pratiquer – quoiqu'un nouveau partenaire puisse toujours faire découvrir une technique inédite qui viendra enrichir un répertoire personnel –, mais *quand*, et surtout *avec qui* il est loisible de s'y livrer. Chacun a en effet bien l'intuition – en fait un apprentissage intériorisé – qu'on ne peut échanger un câlin qu'avec certaines personnes, et qu'il est a priori exclu avec d'autres.

Un détour par la question de la gestion par les humains de l'espace en tant que construction culturelle spécifique apporte un éclairage sur cette intuition. Cette approche, théorisée par l'anthropologue américain Edward T. Hall dans les années 1960, est connue sous le nom de *proxémie*.

La dimension cachée, qui a donné son nom à l'ouvrage où Hall a présenté ses travaux en 1966, c'est celle du territoire de tout être vivant, animal ou humain, de l'espace nécessaire à son équilibre. Bien qu'issu de ses origines animales, cet espace acquiert chez l'être humain une dimension culturelle. Ainsi, chaque civilisation a sa manière de concevoir les déplacements du corps, l'agencement des lieux, les frontières de l'intimité. En particulier, cette dimension invisible est la distance physique que l'individu maintient entre lui et les autres suivant d'une part les rapports qu'il entretient avec eux et selon d'autre part les circonstances de la relation.

Ces distances sont variables, dépendant également, au-delà de l'environnement, outre la relation à l'autre et la perception de cet autre, et par-delà les usages culturels, des affects et du vécu personnel de chaque individu.

Chacun évolue donc dans une sorte de bulle invisible, qui entre en contact et s'interpénètre avec la bulle des autres personnes côtoyées. Pour être plus précis, il existe quatre distances – quatre bulles concentriques –, qui peuvent être actives simultanément en fonction des circonstances où un individu est en présence de ses congénères :

❖ La distance intime, en deçà de 45 cm : c'est la zone qui implique un échange sensoriel élevé. Le contact physique est possible et même fréquent, les odeurs corporelles sont perceptibles.

❖ La distance personnelle, entre 40 et 130 cm : c'est la zone de l'échange verbal de type conversationnel, où le contact oculaire est quasi permanent.

❖ La distance sociale, entre 1,20 et 3,70 m : c'est la zone où se déroulent les relations interpersonnelles avec des inconnus ou les relations sociales occasionnelles.

❖ La distance publique, supérieure à 3,50 m : c'est la zone où les interactions avec les autres, y compris par le contact oculaire, deviennent difficiles et très parcellaires, mais c'est aussi celle où un orateur s'adresse un groupe ; c'est également la distance à partir de laquelle l'individu estime être en sécurité dans un environnement potentiellement hostile.

Les mesures indiquées, qui inscrivent leur frontière dans une zone commune de plusieurs centimètres, sont celles repérées à l'époque contemporaine pour les cultures occidentales, et elles peuvent être complètement différentes dans d'autres sociétés. Même à l'intérieur de ce groupe, elles connaissent des variations repérables entre les habitants des régions boréales et ceux des contrées plus ensoleillées, et il est certain qu'elles ont connu des calibrages différents à d'autres périodes historiques.

Cette répartition est par ailleurs bien loin de restituer la complexité de la gestion individuelle et col-
lective de la distance physique entre les personnes.
Elle ne fait que rendre compte, à partir d'observations, de leur existence, et non de leurs modalités d'application. Cette gestion fait l'objet, en pratique, d'un processus de négociation permanente et
d'adaptation continue de l'espace par les individus
lorsqu'ils sont en présence les uns des autres, processus soumis à un ensemble de facteurs parmi lesquels se trouvent :

❖ le type de lieu – clos ou ouvert –, sa fonction
  – résidentiel, professionnel, commercial, insti-
  tutionnel, etc. –, sa nature – public ou privé –,
  son usage – individuel, partagé, collectif –, et sa
  taille.

❖ Le nombre de personnes qui occupent ou tra-
  versent ce lieu, et la durée d'occupation de l'espace partagé.

❖ Le type de relations – familiale, amicale, sociale,
  professionnelle, hiérarchique, institutionnelle –
  entretenues avec ces personnes et leur positionnement sur l'axe qui va des proches aux parfaits
  inconnus.

❖ Leur âge – adulte, enfant, vieillard –, leur sexe, leur statut,[1] leur groupe social, voire leur groupe ethnique, et leur condition physique[2].

1 Il existe donc une relation entre la distance sociale et la distance spatiale.

2 Notamment, hélas, la présence d'un handicap visible.

❖ L'activité à laquelle les personnes se livrent dans cet espace.

❖ Leur positionnement relatif : face-à-face, côte à côte, l'un derrière l'autre.

❖ Leur posture : debout, assis, couché.

Cette liste déjà longue n'est pas exhaustive, et peut encore être affinée ; même à l'intérieur de la sphère familiale, par exemple, la gestion de l'espace n'est pas la même, outre la question de l'âge, entre ascendants qu'entre collatéraux.

Tous ces facteurs se combinent en fonction de la situation, notamment de sa nature consentie ou contrainte. Les individus, dès qu'ils sont en présence, se livrent de fait à un calcul inférentiel permanent et inconscient pour se positionner les uns par rapport aux autres selon ce que leur prescrit la norme culturelle qu'ils ont intériorisée en matière de distance correcte à leurs semblables, modulée par leur propre schéma spatial individuel issu de leur vécu relationnel, et, *in fine*, par leur humeur du moment. Ces mécanismes n'affleurent à la conscience des individus qu'en cas de transgression, qui est le moment où l'un d'entre eux franchit, sans que la situation l'excuse, l'explique ou le justifie, la frontière d'une bulle où il n'est pas autorisé à pénétrer. Si elles se limitent le plus souvent à un sentiment de malaise et à un mouvement destiné à rétablir l'intégrité de la zone envahie, ces violations territoriales peuvent donner lieu de la part de celui qui en est victime à des réactions extrêmement vives et presque incontrôlables, d'une nature quasi réflexe. En matière de gestion de territoire personnel, le concept d'Anschluss ou d'annexion pacifique n'a pas cours. Pénétrer et se maintenir dans une zone intime ou personnelle dans laquelle rien ne vous autorise à accéder ne fait de vous ni un proche ni un ami, mais seulement un agresseur et un occupant. L'emprise proxémique est toujours la manifestation d'un contrôle sur l'autre et le signe d'une domination physique et/ou psychique.

Pour parler de la distance intime, puisque c'est d'elle dont il va être question principalement, une fois énoncé qu'elle n'est en théorie ouverte qu'aux proches – famille, amants, amis – surgissent à l'esprit toutes les situations où l'individu admet pourtant, et facilement, dans cette zone d'autres personnes : cabine d'ascenseur, file d'attente, transport en commun, salle de spectacle, gradins sportifs, cortège, défilé, etc. ; il faut alors considérer toutes les stratégies d'évitement mises en œuvre pour pallier cette promiscuité forcée – raideur corporelle, limitation des gestes et de leur ampleur, minimisation du contact oculaire, excuses en cas de contact physique involontaire – et établir ainsi une distance symbolique venant se substituer à celle que les circonstances empêchent de maintenir physiquement. Une autre tactique consiste à saluer ceux avec qui l'on est contraint de partager temporairement un espace réduit, manière de réduire la distance relationnelle et donc de minimiser la violation du territoire. Il est en effet plus facile d'admettre temporairement dans sa bulle intime un intrus qui relève de celle qui lui est contiguë – la distance personnelle – qu'un envahisseur arrivant de plus loin, de la sphère sociale ou publique. L'échange verbal, en faisant entrer temporairement un inconnu dans une zone plus proche, minimise donc l'infraction territoriale.

D'autres situations abolissent, momentanément du moins, l'interdiction de séjour dans la zone intime qui prévaut pour ceux qui n'appartiennent pas à triade famille, amants, amis. Il s'agit des activités sportives. Qu'ils soient de groupes ou de combat, les sports installent un cadre relationnel temporaire qui neutralise la bulle intime, que ce soit pour les coéquipiers ou pour l'adversaire, et ceci sans entraver la liberté du corps de se mouvoir. Si effectivement les joueurs de rugby se comportaient sur le pré comme les Parisiens dans le métro aux heures de pointe, ce jeu perdrait une grande partie de son intérêt. Cette neutralisation a tendance à déborder du cadre strict des phases de jeu, car il semble délicat d'être très intime avec quelqu'un et de s'en détacher brutalement, ce qui expliquerait les démonstrations débordantes d'affection que l'on observe après la fin d'une rencontre sportive, qui permettent de restaurer graduellement l'intégrité des bulles des chacun. Ou faut-il analyser ce phénomène comme le signe qu'une fois la distance intime franchie, existe implicitement une autorisation permanente, ou du moins durable, d'y pénétrer ? Certains excès, divertissants, ou comportements inattendus et décomplexés, observables durant la troisième mi-temps ne s'expliquent pas seulement par l'absorption de boissons alcoolisées. D'autant plus que certains joueurs sont parfaitement abstinents.

S'il ne fallait retenir qu'une chose de la théorie proxé-mique, la langue – française du moins – offre un moyen mnémotechnique imparable. Plus on se sent proche, relationnellement parlant, de quelqu'un, plus la distance physique que l'on maintient avec lui est courte. La langue regorge même de ces métaphores spatiales. Qu'est-ce qu'être attiré par quelqu'un, si ce n'est le désir d'être plus près de lui ? Les rela-tions chaleureuses (comme dans un câlin douillet) s'opposent aux rapports dis-tants. On prend, justement, ses distances avec ceux pour lesquels notre intérêt ou notre affection dimi-nuent, et l'on s'éloigne, puis on se perd de vue ; *loin des yeux, loin du cœur,* comme dit le proverbe.

La carte de Tendre, chère aux Précieuses, n'est-elle pas un véritable plan de campagne pour la conquête d'un territoire, la feuille de route d'une stratégie amoureuse visant au rapprochement suprême ?

Mais dans le cas contraire, jusqu'où peut aller ce rapprochement ? La bulle intime peut en fait se diviser en deux couches. La plus intérieure, c'est la distance inférieure à quelque chose compris en quinze et dix centimètres. Là aussi, il convient de laisser une marge, une bande, une zone tampon, qui sont celles, selon chaque individu, des varia-tions culturelles, situationnelles, personnelles, émo-tionnelles. C'est en tout cas la zone où le contact physique est fréquent, et souvent recherché, où les récepteurs de proximité – peau, nez – sont privilégiés dans l'échange, l'univers sonore étant de toute manière affecté. Le câlin, avec sa quête de la plus grande surface de jonction corporelle entre ses deux protagonistes, serait alors le degré final de l'abolition de la distance, physique et relationnelle.

Sans s'attarder, il peut-être noté que là où le câlin reste en surface, l'acte sexuel se caractérise par l'exploration des orifices et/ou leur pénétration. L'approche proxémique poussée à son extrême rendrait alors compte de la ligne de séparation entre le câlin se situant à l'extérieur et l'acte sexuel ayant à voir avec l'interne du corps.

✍ Le point de vue relationnel

Si la socialisation est la codification, parfois jusqu'à la ritualisation, de comportements que l'être humain possède en commun avec d'autres animaux, elle implique que s'y attache une signification qui excède la dimension première de ces agissements considérés comme de simples besoins organiques. Quelle est donc celle du câlin ? Chez l'être humain, de quoi est-il la manifestation ?

Pour répondre, à ces questions, la théorie proxémique constitue de nouveau un point d'entrée.

Si la bulle intime d'un individu n'est accessible,
en dehors de toutes autres circonstances contrai-
gnantes, qu'à ses proches – famille, amants, amis –,
c'est que cet accès est la marque de la relation qu'il
entretient avec eux. Il s'agit d'une expression qui
circule à double sens :

❖ « *Puisque tu m'es proche d'un point de vue
familial, sentimental ou amical, tu es autorisé à
pénétrer dans mon espace intime.* »

❖ « *L'accès à cet espace intime signifie à tous – moi,
toi, ceux qui éventuellement nous regardent –
que nous sommes engagés dans une relation
affective.* »

Chaque bulle possède ainsi ses domaines de signification, la bulle personnelle renvoyant, par exemple,
à l'expression de la cordialité, de la coopération,
de la confiance. Il faut se garder néanmoins de la
simplification, le vocabulaire spatial et le langage
des distances sont éminemment polysémiques.
Mais de la même façon que la langue fonctionne de
manière plutôt efficace malgré la pluralité de sens
que peuvent supporter un mot ou une expression,

parce qu'ils sont placés à chaque fois dans un milieu qui en détermine d'avance la valeur, de même la communication proxémique ne pose que rarement de problèmes d'interprétation, car le contexte n'autorise en général que la sélection d'une seule version signifiante parmi celles possibles. Quel que soit le degré d'intrication corporelle des participants à un tournoi de lutte libre, personne ne va interpréter ce qui se passe sur le tapis comme la manifestation d'une relation affective. Surtout pas les adversaires.

Le malentendu spatial, comique ou embarrassant, reste toujours possible, mais l'ambiguïté proxémique permet aussi de faire évoluer une situation relationnelle, par exemple en phase de séduction, de gagner du terrain sans s'avancer à visage trop découvert, tout en conservant la possibilité de faire machine arrière sans perdre la face, et sans compromettre l'installation dans la zone de départ.

Ce que signifie ou manifeste un câlin dépend de la relation qu'entretiennent ceux qui l'échangent et le partagent, mais il est toujours le signe d'une proximité affective. Autrement dit, il extériorise l'affection existant entre ceux qui le pratiquent, et en partie la nature de cette affection.

Entre deux amants, il peut précéder l'acte amoureux, ou y conduire, comme un prélude. Il peut également suivre cet acte. Acte amoureux, et non pas
simplement ou uniquement rapport sexuel. Il n'est
guère besoin d'avoir vu énormément de produc-
tions pornographiques pour constater qu'elles ne
contiennent jamais de câlins. Des baisers profonds,
des préliminaires plus ou moins expédiés, mais de
câlins, point. C'est que le câlin, déjà assez statique
d'un point de vue visuel, d'une part témoigne d'un
type d'échanges qui se prête assez mal à la *représentation* mentale des affects qu'il extériorise, et
d'autre part, n'est pas investi − sauf exception fétichiste non encore répertoriée − d'une charge érotique ou fantasmatique.

Entre membres d'une famille, le câlin est la manifestation du sentiment affectif qu'éprouvent les personnes les unes envers les autres au-delà du lien de
parenté qui définit, juridiquement ou traditionnel-
lement, l'obligation de solidarité morale les unis-
sant en tant que communauté. L'affection familiale, quelle que soit la direction dans laquelle elle
s'exerce et quel que soit son degré de réciprocité,
est une construction sociale au même titre que les
autres. Il a été vu que la chimie hormonale jouait le
rôle de déclencheur dans l'attachement de la mère

à son enfant – le fameux *instinct maternel* –, mais une poussée hormonale de quelques heures ou de quelques jours ne saurait rendre compte d'une prédilection de toute une vie, qui s'élabore aussi bien en l'absence de causalité physiologique. Il serait intéressant de repérer à quelle époque le câlin est devenu un marqueur de l'amour familial, bien que l'apparition du sens moderne dans les dictionnaires durant le premier tiers XIXe siècle fournisse une indication ; ce point va d'ailleurs être abordé un peu plus loin.

Comme le montre l'affection paternelle, fraternelle, sororale, etc., et l'ensemble des nouvelles modalités de procréation plus ou moins assistée.

Enfin entre amis, le câlin exprime l'amitié (on s'y attendait un peu !), mais la norme sociale en borne drastiquement l'usance. Même Montaigne, d'après ses *Essais*, ne s'y risquait pas avec La Boétie, malgré leur exceptionnelle amitié réciproque, dont il a écrit qu'on en rencontre qu'« *une fois en trois siècles* ». L'intimité physique que suppose le câlin, si voisine de celle de l'acte sexuel, est encore trop chargée d'ambiguïtés pour qu'il soit pratiqué sans retenue, quel que soit d'ailleurs le sexe des personnes, et il se limite à la version debout, sous forme d'accolades, plutôt brèves. Cependant, quelques articles de la presse anglophone, surtout en ligne, se font ces derniers mois l'écho d'une tendance parmi les adolescents et les hommes jeunes,

Le *hug* anglais.

se déclarant hétérosexuels, à considérer, et à pratiquer, le câlin en tant qu'élément du répertoire des actes réalisables sans difficulté pour manifester une affection amicale entre hommes. C'est par la régression de l'homophobie (et donc de la crainte d'être considéré comme homosexuel) et le déplacement des frontières de la virilité que s'expliquerait l'émergence de cette revendication masculine à bénéficier des effets agréables du câlin entre pairs. Aucune étude sérieuse sur le propos n'étant pour l'instant disponible, il est difficile de se prononcer sur ce sujet et son évolution.

Les bases théoriques qui permettraient le développement de la pratique du câlin entre adultes mâles reliés par un fort engagement affectif de nature amicale semblent en tout cas mieux fondées que les justifications apportées à deux phénomènes datant déjà de plus d'une dizaine d'années, et qui ne se révèlent que de manière sporadique sans qu'on perçoive l'émergence d'un mouvement de fond emportant une large adhésion. Il s'agit d'une part de la distribution de « *câlins gratuits* » (debout) dans la rue par des inconnus à d'autres inconnus, et d'autre part

En général, sous la plume tristement peu inspirée d'un journaliste stagiaire en mal de sujet aguichant.

l'exécution d'une prestation câlinante (en général par une femme en position couchée) à des clients – ou des patients – (en général des hommes, eux aussi allongés, par la force des choses) à des fins relaxantes ou psychothérapeutiques.

Il peut être avancé que ces pratiques demeurent marginales parce qu'elles sont, de fait, paradoxales.

À la lumière de qui vient d'être exposé – le câlin témoigne d'une relation, et est dépourvu de sens en dehors de cette relation – on comprend pourquoi ces manifestations de rue, même si elles entendent propager l'amour universel entre les êtres humains, n'ont pratiquement aucune chance de dépasser le stade de la *performance,* au sens artistique du terme, telle que celle réalisée en 1977 lors de la FIAC

Foire Internationale d'Art Contemporain.

par Orlan, intitulée *Le baiser de l'artiste,* où, assise sur une chaise, elle embrassait à bouche que veux-tu qui voulait

Soit, à l'arrondi près, 0,76 €.

bien introduire une pièce de cinq francs dans une sorte de bustier métallique placé devant elle. On peut faire remarquer aux *câlineurs de rue* qu'il n'est pas simple d'être *moderne,* au XXIe siècle, et encore moins original. Le câlin ne crée pas la relation, il la manifeste, et donc pratiqué entre inconnus (même gratuitement), il ne la fera pas naître. Un coup de foudre reste toujours possible, mais rien de tel n'a encore été rapporté.

La même critique s'applique aux *câlineurs professionnels*. Mais comme dans la performance d'Orlan, bien qu'il ne s'agisse pas d'affection, quelque chose s'échange néanmoins : de l'argent contre un moment de proximité physique. Il n'est pas question de mettre en doute la réalité de ce qu'en retire le client ; juste de s'interroger pour savoir si un câlin où ne circule pas l'affection, mais seulement ses gestes, reste un câlin. En dehors de toute espèce d'appréciation morale, peut-on dire que la prestation sexuelle, même de grande qualité, effectuée par une personne prostituée est du même ordre qu'un rapport sexuel entre deux individus liés par un sentiment amoureux ? La réponse est la même dans les deux situations. Reste la dimension psychothérapeutique ; encore faudrait-il savoir si au-delà du bien-être momentané indéniable – toujours la réaction hormonale – ces séances câlines peuvent contribuer à résoudre des difficultés psychiques autres que légères et/ou passagères ? (Ce qui n'est déjà pas si mal, il est vrai.) Là également, aucune étude n'est encore disponible.

◆

Il existe une dernière circonstance dans laquelle des personnes étrangères les unes aux autres vont échanger des câlins, qui plus est en public. Il s'agit de situations comportant une charge émotionnelle intense, en général une grande affliction, dans les moments qui suivent un attentat meurtrier, un accident grave de transport en commun, un incendie, une catastrophe naturelle, chaque fois qu'on déplore des victimes à la suite d'un évènement soudain et violent. Les funérailles d'une personnalité fortement investie affectivement sont aussi l'occasion d'étreintes, souvent longues et intenses, entre inconnus. Ce n'est pas contradictoire avec les informations et les explications fournies précédemment. Dans ces circonstances, se créée un lien émotionnel collectif entre tous ceux qui sont affectés par l'évènement : sentiment brutal de perte partagée, sensation inopinée d'appartenance à une communauté. Comme le câlin privé, l'étreinte publique dans ces occasions chargées d'émotion renvoie à un échange affectif. Dans ces situations empreintes de désarroi, le contact physique prolongé permet un partage du chagrin, là où la communication verbale ne réussit pas ou ne suffit plus à exprimer la relation à l'autre. Dans ces moments, l'étreinte ne crée pas le lien entre des inconnus, elle est possible parce que ce lien vient

Bienfaiteur de l'humanité, leader politique, star de cinéma, cantatrices, chanteur de variétés…

de se créer, et elle témoigne de son existence, même éphémère. *Le Gorafi*, site d'information parodique, a exploité cette dimension reconnue du câlin dans un article publié quelques jours après les attentats du 13 novembre 2015, écrivant notamment :

« *Paris – Conséquence des terribles attentats, de nombreux Parisiens et Français se font des câlins sans discontinuer depuis plus de 48 h.* [...] "Ces câlins multiples ont été observés en plusieurs endroits, les dégagements de chaleur humaine ont été intenses" *ajoute un membre du ministère de l'environnement lui-même en train de prodiguer un câlin à un autre collègue.* "Depuis janvier, les câlins deviennent plus forts, plus intenses, plus longs, tout le monde veut être câliné". »

http://www.legorafi.fr/2015/11/16/la-chaleur-degagee-par-les-calins-des-parisiens-pourrait-accelerer-le-rechauffement-climatique/

✎ Le point de vue affectif

Le câlin est un comportement social, il manifeste un lien intime entre deux individus, mais possède-t-il une signification propre, et si oui, supporte-t-elle des valeurs personnalisables et individualisables ? La question est pertinente, car son

appartenance à la catégorie des interactions ne suffit pas à le rendre porteur d'un discours, d'un message. En tant qu'enchaînement de paires stimu-
lus/réponse, certaines interactions ne signifient rien
d'autre que la situation de communication dans
laquelle elles ont lieu. Il ne circule guère de messages
complexes entre les protagonistes de l'acte d'acheter
un sandwich. Et c'est tant mieux, parce que la file
d'attente est souvent déjà bien assez longue.

Ce qui est certain, c'est que le câlin *communique*
dans le registre du non verbal. Il peut venir renfor-
cer ou compléter un message verbal, mais il va le
plus souvent prendre sa place. Une première analyse consisterait à dire que le câlin est là quand les
mots manquent, qu'ils semblent faibles, usés, mala-
droits. Que leur vertu apaisante, consolatrice, réconfortante, ne suffit pas ; que leur potentiel de création ou de restauration d'un échange affectif fort
n'est pas ou plus suffisant.

Il faut également se rappeler que l'intimité physique
impliquée par le câlin privilégie les récepteurs sensoriels de proximité et de contact, la peau et l'odo-
rat, qui rendent les autres canaux inutiles, voire
inopérants. La vue de près est souvent trouble, et à
cette distance, l'ouïe ne peut supporter qu'un chu-

chotis, ou du moins une intensité vocale des plus réduite, mais perçoit des bruits inaudibles dans d'autres situations : battements de cœur, passage de l'air dans le système respiratoire, frottement des épidermes. Pour ces raisons, le câlin peut se dérouler sans problème dans la pénombre – elle peut même être recherchée et privilégiée par les protagonistes –, et les environnements calmes et silencieux, permettant à l'audition d'exercer toute son acuité, lui sont plus propices qu'un concert de rock (surtout tendance *metal* ou *hardcore*). Cela dit, les films publicitaires et le cinéma recourent régulièrement à cette séquence de deux personnes enlacées dans une bulle (intime) de silence alors qu'autour d'eux se déchaînent le bruit et la fureur, comme si le dispositif câlinant possédait la propriété de créer autour de lui, lorsqu'elles manquent, les conditions qui lui sont plus favorables ; ce qui reste à prouver. Au-delà de la mise en image d'une figure banale dans les romans des collections Harlequin, *rien n'existait plus autour d'eux que la force de leur amour*, il s'agit d'une forme de trope audiovisuel qui n'est pas dénuée de pertinence dans la restitution de ce qui se joue dans un câlin.

Une autre hypothèse, pas forcément contradictoire, mais plutôt complémentaire, serait de postu-
ler que le câlin exprime un relationnel qui se situe
au-delà du verbal, qui n'est pas réellement dicible
et même possède un enjeu de sincérité auquel l'expression verbale ne saurait pleinement satisfaire.
Un nouveau détour par un cadre théorique peut
être utile pour éclairer cette intuition, celui des *actes
de langage*. Il a pour thèse principale que la fonction du langage, même dans les contenus déclara-
tifs, serait moins de décrire quelque chose que de
permettre ou de faciliter des actions. Plus radica-
lement, à partir des années 1960, certains linguistes ont montré que les énoncés proférés par les locuteurs ne présentaient pas
toujours une nature descriptive pouvant recevoir
une valeur de vérité, c'est-à-dire être vrai ou faux,
mais que certains accomplissaient eux-mêmes une
action ; ils ont été dénommés énoncés performatifs. Ces énoncés sont émis dans des situations où
l'acte qui doit s'accomplir ne peut l'être que si certaines paroles sont prononcées, et qu'il n'existe pas
d'autres moyens de réaliser cet acte que de dire les
mots adéquats. On y trouve des situations interpersonnelles peu formelles – on ne peut promettre ou
jurer qu'en disant « *je promets* » ou « *je jure* » – et
des cadres plus ritualisés : « *La séance est ouverte* »,

Notamment John Langshaw Austin et John Searle.

« *Les jeux sont faits, rien ne va plus* », « *Je vous condamne à...* », « *Je te baptise...* ». Dans toutes ces situations, l'acte se confond avec son énoncé, ils sont indissociables. Dans ces situations, l'énoncé, forcément à la première personne, constitue, de fait, l'acte. Bien entendu, l'acte peut réussir ou échouer en vertu de certaines conditions, comme le fait, pour l'émetteur de l'énoncé, d'être habilité conventionnellement ou institutionnelle-ment à procéder à l'acte ; c'est pour cette raison que l'officier d'état civil fait pré-céder les paroles « *je vous déclare unis par les liens du mariage* » par la men-tion « *En vertu des pouvoirs qui me sont conférés* ». Ces conditions de succès sont dites *conditions de félicité*, et l'énoncé sera *heureux* ou *malheureux*, selon que l'acte est réussi ou raté.

La liste est bien plus longue qu'on l'imagine de prime abord :
« *Je m'excuse* » ou « *Je te présente mes excuses* »,
« *Je te remercie* »,
« *Je te souhaite...* »,
« *Je te félicite* »,
« *Je te pardonne* »,
« *Je te maudis* »,
« *Je t'invite* »,
« *Je t'offre* »,
« *Je te défie* », etc.
Les rituels religieux sont riches en énoncés performatifs :
« *Je t'absous de tes péchés* », « *Je te bénis* », wetc.

La théorie générale des actes de langage est bien plus complexe, mais ce qui vient d'en être présenté peut s'appliquer au câlin. Si un câlin possède un contenu, un message, un discours, un énoncé, une signification – peu importe le mot retenu –, il ne saurait être apprécié en termes de vrai ou de faux, mais uniquement en termes de félicité, du point de vue ses participants, qui, cela été dit plus haut, sont les seuls à pouvoir émettre un avis de réussite ou un constat d'échec lors d'une interaction câlinante. L'ouvrage fondateur de la théorie des actes de langage, *How to Do Things with Words*, a été traduit sous le titre, assez inspiré, *Quand dire, c'est faire* ; le câlin relèverait d'une catégorie d'énoncés non verbaux qui répondraient, eux, à la définition lapidaire « *Quand faire, c'est dire* ».

Les câlins ne sont pas articulés, comme le langage verbal, et peuvent donc encore plus facilement supporter une multitude de significations parfois simultanées, un ensemble diffus de sens qui n'ont pas nullement besoin d'être découpés ou analysés pour être compris.

> *Je t'aime. Tu comptes, tu as de l'importance pour moi. Je te comprends. Je compatis, je partage ta peine. Je suis là pour toi. Je peux t'aider si tu le souhaites, tu peux compter sur moi. Je suis bien avec toi, je me sens bien avec toi. C'est agréable d'être avec toi, ça me rend heureux…*

Chacun peut ajouter à cette liste, représentative mais non limitative, des messages véhiculés potentiellement par un câlin, et les personnes unies par un lien affectif s'enlaceront naturellement pour se prendre dans les bras l'un de l'autre et se raconter en un seul câlin ce qui leur aurait pris mille mots à formuler.

Malgré cela, les câlins ne délivrent jamais un message alambiqué, paradoxal, obscur, et sont très rarement trompeurs. Il arrive qu'un câlin puisse être interprété comme une proposition d'engagement affectif plus fort, ou différent, ou un accord pour cette proposition, mais c'est uniquement parce que les personnes ne sont pas au clair dans leur relation. Car le câlin ne parle jamais du futur. Il n'engage que l'instant, que le moment où il s'accomplit. Un câlin est réussi quand il procure une sensation partagée de plaisir, de bien-être, de réconfort, physique ou mental, quand il dissipe la sensation de solitude, d'inquiétude, d'angoisse, de peur au profit d'un sentiment de sécurité ou de confiance, quand il calme ou relaxe, quand il apaise les tensions. Au départ, vis-à-vis de ces ressentis, la balance émotionnelle peut ne pas être équilibrée entre les participants, et c'est même ce déséquilibre qui va déclencher l'interaction câlinante, mais chacun au final va y trouver son compte, car le câlin est bien un échange, une circulation, certain diraient d'*énergies*, et c'est probablement vrai au moins au niveau de la thermodynamique envisagée du strict point de vue corporel. Ce dernier aspect est suffisamment reconnu pour

On peut toujours mentir, en actes ou en paroles, mais cela n'enlève rien à la dimension performative.

Cf. supra.

que l'article déjà cité du *Gorafi* soit titré « *La chaleur dégagée par les câlins des Parisiens pourrait
accélérer le réchauffement climatique* » et se pour-
suive ainsi :

> « *"Depuis deux jours on observe une augmenta-
> tion de la température de l'atmosphère au-des-
> sus de la capitale, conséquence des millions de
> câlins prodigués" explique un expert. Selon les
> calculs de techniciens de Greenpeace, chaque
> câlin partagé augmente ainsi de 2° à 4° la tem-
> pérature autour des personnes, voire plus dans le
> cas de câlins multiples. [...] Une des prochaines
> résolutions de la COP21 pourrait ainsi être de
> fixer un quota de câlins par pays, en durée et
> par personne.* »

Est-ce sur cette créance, fallacieuse, que l'acte crée-
rait la relation ou seulement par intérêt pour cet
échange de chaleur corporelle que sont nées les
soirées câlins (de l'anglais *cuddle parties*) à New
York en 2004 ? Certes, le climat continental de cette
ville est rude durant la saison hivernale, et la crise
financière et/ou énergétique aidant, certains y ont
peut-être vu le moyen d'économiser sur la facture
du chauffage central. Toujours est-il que ces soirées
peuvent réunir jusqu'à une cinquantaine de partici-

pants des deux sexes ne se connaissant pas qui vont, des heures durant et en pyjama (si vous n'en possédez pas, comme environ 50 % de la population, un *T-shirt* et un bas de survêtement doivent pouvoir faire l'affaire), se blottir les uns contre les autres. Il est permis de bavarder, mais pas d'échanger de baisers profonds ni de s'engager dans une activité sexuelle quelconque.

Selon ce qui a été dit au chapitre 2, *soirée câlinou* aurait été une meilleure traduction.

Dans cette ville, capitale des célibataires et qui a inventé le *speed dating*, dans un pays où le fait de toucher quelqu'un sur l'épaule peut être dénoncé comme harcèlement sexuel, les promoteurs de ces *happenings* y voient un moyen de lutter contre la solitude et affirment que la possibilité d'un contact corporel mutuel et sans contrainte peut avoir ainsi chez nombre de personnes des effets bénéfiques, qu'ils soient physiques, psychiques ou sociaux. Ce qui a été dit précédemment au sujet de la chimie hormonale lors d'un contact rapproché et prolongé rend plausible cette allégation. Le phénomène s'est transporté à Berlin en 2005 et peu après à Amsterdam, où il semble actuellement moribond, et n'a certainement pas « *envahi l'Europe* » comme le prétendent quelques articles de presse un peu trop enthousiastes ou prosélytes.

L'indice le plus évident est que les noms de domaine *kuschelparty.de* et *knuffelparty.nl* sont tous les deux (de nouveau) disponibles…

Pareillement, un projet lancé en 2007 de robot câlineur pour les enfants hospitalisés n'a pas trouvé les fonds nécessaires à son développement (ouf !). Le même manque d'intérêt a coupé court à la commercialisation d'un concept créé par trois étudiants du MIT, celui d'un gilet *Like-A-Hug* connecté au compte Facebook de son porteur pour se gonfler de l'intérieur chaque fois que quelqu'un *like* un de ses statuts, commentaires, photos, vidéos, dans une tentative de reproduire *effet câlin*.

Massachusetts Institute of Technology.

Visiblement, les câlineurs ne sont pas des bailleurs…

✍ Le point de vue de l'histoire des mentalités

Chez l'être humain, en tant que comportement social, et contrairement à d'autres formes de contacts intimes, le câlin semble pouvoir être pratiqué de manière privée, ou publiquement, sans réprobation dans de nombreuses cultures, entre personnes de tout âge et tout sexe. En a-t-il toujours été ainsi ? Pour ne s'en tenir qu'à la France, ses habitants le pratiquaient-ils avant que le terme fasse son entrée dans les dictionnaires ?

La réponse est oui, sans aucun doute. Il a été vu que le câlin – en tout cas un comportement qui en manifeste les caractéristiques externes – existe dans le règne animal, et pour rester chez l'*homo sapiens*, début 2015 a été découverte, dans le sud de la Grèce, la sépulture d'un couple enterré enlacé, remontant à quelque six mille ans. Les gisants, une jeune femme et un jeune homme, ont été inhumés parallèlement l'un à l'autre, en position de cuillères encastrées. Même si les sépultures doubles avec enlacement sont très rares, elles témoignent d'un usage suffisamment répandu pour être reproduit jusque dans la tombe.

Dans une des grottes de Diros, au Péloponnèse.

Plus près de nous, au 1er siècle, on trouve chez Sénèque le passage suivant, à propos des comportements différenciés d'un père et d'une mère envers leur fils :

De la providence, chapitre 2.

« *Non uides quanto aliter patres, aliter matres indulgeant ?* […] *Illi* […] *sudorem illis et interdum lacrimas excutiunt ; at matres fovere in sinu* […] »

Vois quelle différence entre la tendresse d'un père et celle d'une mère ! […] Le père […] fait couler sa sueur et quelquefois ses larmes. La mère, au contraire, le réchauffe sur son sein […]

« *fovere in sinu* » pourrait tout aussi bien être traduit par « le tient blotti contre sa poitrine » ou « le

De fait, les termes *câlin* et *câliner* sont absents du texte français du Gaffiot, le plus célèbre et le plus usité des dictionnaire latin-français, publié en 1934.

dorlote entre ses bras », ou bien encore « le cajole dans son giron ». Tous gestes qui ressemblent fort à une séquence câlinante.

Mais si le mot en lui-même n'existait pas en français, comment désignait-on l'acte et sa pratique ?

On touche ici à un continent scientifique, *l'histoire de mentalités*, qui excède très largement, bien plus encore que les précédents cadres théoriques sollicités jusqu'alors, les compétences de l'auteur et le propos de ce traité. Les remarques sur le sujet se borneront donc à deux observations.

La première, c'est qu'il est très laborieux de trouver des représentations graphiques de câlins avant la toute fin du XVIIIe siècle, sans aller à dire qu'il n'en existe pas… On pourrait citer en effet de Pierre

Munich, Alte Pinacotheck ; voir en fin de volume.

Paul Rubens, *Hélène Fourment et son fils aîné, Francis*, exécuté vers 1633, où la jeune femme tient son rejeton – en tenue d'Adam si ce n'est un petit couvre-chef – sur ses genoux en l'entourant de ses bras, mais hormis ce contact, les corps ne se touchent pas vraiment. La pose est très semblable dans une autre œuvre du même peintre, *Hélène Fourment et ses enfants*, vers 1636, les bras maintiennent l'un d'eux (toujours le petit Francis, habillé cette fois), mais les corps restent disjoints. Peut-on alors parler réellement de câlin ? Y'a-t-il chez l'artiste, dans cette scène familiale, une forme de retenue, de pudeur, qui l'empêche de représenter une étreinte plus étroite entre la mère et son fils, alors qu'il n'hésite pas à la même époque à peindre son épouse, les tétons dressés (le froid, sans doute), se drapant avec une franche sensualité dans une fourrure qui dissimule mal sa nudité ? Ou faut-il penser que le peintre ne représente pas un contact physique de type du câlin d'aujourd'hui tout simplement parce qu'il ne l'a jamais observé ?

Paris, Musée du Louvre ; voir en fin de volume.

La petite pelisse, 1636-1638, Vienne, Kunsthistorisches Museum ; voir en fin de volume. La question de savoir si cette toile a pu inspirer à Leopold von Sacher-Masoch son célèbre roman paru en 1870 *La Vénus à la fourrure* fera l'objet d'un volume séparé.

Même dans la situation qui vient en premier à l'esprit, celle de l'interaction mère/enfant, il est difficile de prétendre que dans les innombrables figures de la *Vierge à l'enfant* se trouverait illustré ce que nous appelons aujourd'hui un câlin, alors que par exemple, le thème de la madone allaitant, sans être fréquent, n'est pas rare. Quelques peintres, notamment à partir de la Renaissance, vont restituer un certain climat de tendresse

Comme Raphaël et Le Caravage.

1 *Madonna in trono col Bambino*, 1437, Rome, Galleria nazionale d'arte antica, Palazzo Barberini ;

Madonna col Bambino, après 1460, Florence, Palazzo Medici-Riccardi ; voir en fin de volume.

2 *Madame Vigée-Lebrun et sa fille*, 1789, Paris, Musée du Louvre ; voir en fin de volume.

3 *Madame Vigée-Lebrun et sa fille*, dit *La tendresse maternelle*, 1786, Paris, Musée du Louvre ; voir en fin de volume.

4 Paris, Musée du Louvre ; voir en fin de volume. Pour la petite histoire, François André Vincent était le second mari d'Adélaïde Labille-Guiard, femme peintre reçue à l'Académie royale de peinture et de sculpture au même moment que Vigée-Lebrun. Cet artiste aurait-il subi une influence dans le choix de ce thème ?

en traitant le sujet, mais sans figurer l'enlacement si caractéristique du câlin, hormis Filippo Lippi, dont il existe au moins deux œuvres présentant cette attitude entre la mère et son fils.[1]

Le premier tableau à illustrer clairement cette situation en contexte profane est, semble-t-il, une toile d'Élisabeth Louise Vigée-Lebrun de 1789, la représentant elle-même avec sa fille Jeanne-Lucie dans cette posture.[2] Il a été précédé, trois ans plus tôt, d'un autoportrait également avec sa fille, où la position est moins emblématique.[3] Le fait que ce thème ait été abordé pour la première fois par une femme ne saurait être purement anecdotique. En avance sur l'Académie française, l'Académie royale de peinture et de sculpture, dont Vigée-Lebrun était membre depuis 1783, permet de repérer les premières occurrences de câlins. Un autre exemple est fourni par *Madame Boyer-Fonfrède et son fils*, de François André Vincent, réalisé en 1796.[4]

Il n'y a aucune hésitation à avoir sur l'interprétation de la pose adoptée par

Vigée-Lebrun et sa fille : en 1908 l'œuvre est réutilisée, dans une version recadrée, pour illustrer une partition musicale, *Câlinette*, de Charles Coda, citée au chapitre 2.

Voir en fin de volume.

Entre temps, le thème aura connu la consécration bourgeoise en intégrant le répertoire académique, notamment sous le pinceau de William Bouguereau avec une toile exécutée 1890, au titre on ne peut plus explicite : *Câlinerie*.

Collection particulière ; voir en fin de volume.

La seconde observation provient des travaux et recherches de Philippe Ariès publiés en 1960 dans *L'Enfant et la vie familiale sous l'Ancien Régime*. Cet historien a mis en évidence la concomitance, à la fin du XVIIIe siècle, de l'émergence de l'enfance comme une période spécifique de la vie, bien distincte de celle des adultes, même jeunes, et le développement de l'attachement des parents envers leurs enfants. Il postule que la forte mortalité enfantine qui prévalait avant la période des Lumières empêchait une attention maternelle et paternelle trop importante, et que l'investissement affectif des parents pour leurs enfants est né réellement avec la régulation des naissances et la baisse de la fécondité. Il indique comment apparaît, se développe et se diffuse un nouveau sentiment de la famille, depuis le xvᵉ jusqu'au xviiiᵉ siècle, époque où elle achève de se réorganiser autour de l'enfant, et dresse entre elle et la société le mur de la vie privée. La famille devient alors de façon systématique et normative ce qu'elle n'était pas généralement auparavant : le lieu de l'affection nécessaire entre ses membres.

Notamment dans la longue préface de la seconde édition de son ouvrage en 1973.

Même si cette thèse a été nuancée depuis, y compris par l'auteur lui-même, elle éclaire ce qu'est l'histoire des mentalités : celle des représentations collectives et des structures mentales des sociétés, dont l'évolution, il est important de le signaler, est non linéaire en Europe depuis l'époque romaine. S'il est vrai que les êtres humains ont depuis longtemps, voire depuis l'origine, fondé des foyers et engendré des enfants, ils l'ont fait selon des modalités très diverses, et ce n'est pas la réalité de cette cellule sociale que l'on désigne sous le

Qu'en ont eu autrefois, mais aussi qu'en ont encore à la surface du globe, et qu'en auront demain ; rien n'incite plus au *relativisme* que l'histoire des mentalités.

nom de famille qu'interroge l'histoire des mentalités, mais la perception et le sentiment qu'en ont eu les hommes et les femmes à travers les âges.

Pour répondre à la question posée – *si le mot en lui-même n'existait pas, comment désignait-on l'acte*

et sa pratique ? – on pourrait dire que le besoin d'un mot était inexistant pour désigner un acte qui n'avait pas encore, socialement, de contenu, de rôle et de fonction.

C'est avec le développement et l'évolution du sentiment de l'enfance et de l'affection familiale que le *concept de câlin* en tant que manifestation et matérialisation du lien affectif entre mère et enfant fait irruption, d'abord dans l'iconographie, y compris la plus officielle, avant d'entrer dans les dictionnaires. De cette position stratégique, il va progressivement envahir la famille, puis l'ensemble du territoire de l'affirmation et du témoignage du lien affectif entre personnes de tout âge et tout sexe.

Vigée-Lebrun réalise notamment, de 1785 à 1787, le tableau *Marie-Antoinette de Lorraine-Habsbourg, reine de France et ses enfants* ; on y voit la petite Marie-Thérèse (Madame Royale) enserrant le bras de sa mère et y posant sa tête. Musée national du Château de Versailles ; voir en fin de volume.

Il est des conquêtes moins belles, et des victoires moins douces.

❧ BIBLIOGRAPHIE ❧

Les dates indiquées sont celles de première publication, mais ces ouvrages sont régulièrement réédités.

À l'usage de ceux qui souhaiteraient approfondir les cadres théoriques convoqués dans ce traité.

Ariès, Philippe
   L'Enfant et la vie familiale sous l'Ancien Régime,
   2ᵉ édition avec une préface, Le Seuil, 1973.
   [1ʳᵉ édition, Plon, 1960].

Austin, John Langshaw
   Quand dire c'est faire [*How to Do Things with Words*, 1962], Le Seuil, 1970.

Hall, Edward T.
   La Dimension cachée [*The hidden Dimension*, 1966], Le Seuil, 1971.

Kerbrat-Orecchioni, Catherine
Les interactions verbales, Tome 1, 2 & 3,
Armand Colin, 1990-1992-1994.
*Les actes de langage dans le discours : Théories
et fonctionnement*, Nathan, 2001.

Recanati, François
Les énoncés performatifs, Minuit, 1982.

Searle, John
Les Actes de langage [*Speech Acts*, 1969], Hermann, 1972.

Les 400 culs, le blogue d'Agnès Giard – auteure, journaliste et docteur en anthropologie –, a fourni plusieurs pistes de réflexion lors de la conception de ce traité. Qu'elle en soit ici remerciée.

http://sexes.blogs.liberation.fr/

Annexe

De quelques tableaux dont il est question dans ce traité.

Madonna in trono col Bambino, (détail), 1437,
tempera sur bois, 151 × 66 cm, Rome,
Galleria nazionale d'arte antica, Palazzo Barberini.

Madonna col Bambino, après 1460, huile sur bois,
155 × 71 cm, Florence, Palazzo Medici-Riccardi.

Pierre Paul Rubens, *Hélène Fourment et son fils aîné, Francis,* vers 1633, huile sur bois, Munich, Alte Pinacotheck.

Pierre Paul Rubens, *Hélène Fourment et ses enfants*,
vers 1636, huile sur toile, 85 × 115 cm, Paris,
Musée du Louvre.

Pierre Paul Rubens, *La petite pelisse*, 1636-1638, huile
sur toile, 83 × 176 cm, Vienne, Kunsthistorisches Museum.

Élisabeth Louise Vigée-Lebrun, *Madame Vigée-Lebrun et sa fille*, dit *La tendresse maternelle*, 1786, huile sur toile, 105 × 84 cm, Paris, Musée du Louvre.

Élisabeth Louise Vigée-Lebrun, *Marie-Antoinette de Lorraine-Habsbourg, reine de France et ses enfants*, 1785-1787, huile sur toile, 271 × 195 cm, Musée national du Château de Versailles.

Élisabeth Louise Vigée-Lebrun, *Madame Vigée-Lebrun et sa fille*, 1789, huile sur toile, 130 × 94 cm, Paris, Musée du Louvre.

François André Vincent, *Madame Boyer-Fonfrède et son fils*, 1796, huile sur toile, 96 × 79 cm, Paris, Musée du Louvre.

Jarnach, *Câlinette*, illustration pour une partition,
d'après Élisabeth Louise Vigée-Lebrun, 1908.

William Bouguereau, *Câlinerie*, 1890, huile sur toile, 145 × 91 cm, collection particulière.